L'ÉGYPTE 1001 PHOTOS
LE FOOTBALL 1001 PHOTOS
LA FRANCE DES VILLAGES 1001 PHOTOS
LA MER 1001 PHOTOS
LES MERVEILLES DE LA FRANCE 1001 PHOTOS
LES MERVEILLES DU MONDE
LES TRAINS 1001 PHOTOS
LES VOITURES DE RÊVE 1001 PHOTOS
LES AVIONS
LES CHEVAUX
LES MERVEILLES DE LA FRANCE 1001 PHOTOS
LES MERVEILLES DU MONDE 1001 PHOTOS
LES MOTOS DE RÊVE 1001 PHOTOS
NEW YORK 1001 PHOTOS
LES OISEAUX 1001 PHOTOS
PARIS
LES CHATS 1001 PHOTOS
LA CORSE 1001 PHOTOS
LES CHIENS 1001 PHOTOS
LE CINÉMA 1001 PHOTOS
LES ÎLES DU MONDE 1001 PHOTOS
L'ÉGYPTE
LES OISEAUX 1001 PHOTOS
PARIS 1001 PHOTOS
LES PEUPLES DU MONDE 1001 PHOTOS
LE RUGBY 1001 PHOTOS
LA TERRE 1001 PHOTOS
LES TRAINS
LE CYCLISME 1001 PHOTOS
L'ÉGYPTE 1001 PHOTOS
LE FOOTBALL 1001 PHOTOS
LA FRANCE DES VILLAGES 1001 PHOTOS
LA MER 1001 PHOTOS
LES MERVEILLES DE LA FRANCE
SOLAR

[1001 PHOTOS]

NEW YORK

ISBN : 978-2-263-05577-5
Code éditeur : S05577/02
Dépôt légal : septembre 2011
Imprimé en Espagne

Solar | un département **place des éditeurs**

place
des
éditeurs

[1001 PHOTOS]

NEW YORK

SOLAR EDITIONS

Sommaire

New York d'hier à aujourd'hui

New York temple des arts et de la culture

New York nature

New York village

New York exotique et multiculturel

Loin de Manhattan

NEW YORK

D'HIER À AUJOURD'HUI

FEDER
NATIONAL
26 WAL

Aux origines de la mégapole

L'histoire de la mégapole commence en 1624, lorsque la Compagnie néerlandaise des Indes occidentales envoie une trentaine de familles s'implanter dans la baie de New York. Peuplée d'Indiens, Manna-hata, « l'île vallonnée », n'est alors qu'une forêt dense et luxuriante entourée d'étangs, de marais et de rivières.

En 1626, les colons « rachètent » l'île de Manhattan aux Indiens en échange de tissus, poteries et autres colifichets de piètre valeur. Ils vivent misérablement, principalement du commerce de peaux de castors, jusqu'à ce que Peter Stuyvesant, gouverneur de 1647 à 1664, donne un premier élan au développement du site : des routes, une poste, un hôpital sont construits, le commerce est encouragé, la ville est dotée d'une administration. En 1664, James, duc d'York, frère du roi d'Angleterre, envoie ses soldats s'emparer de la colonie. Incapable de résister à l'assaut britannique, Stuyvesant se rend le 8 septembre. Celle que l'on appelait La Nouvelle-Amsterdam est rebaptisée New York, en l'honneur du duc.
Sous pavillon anglais, New York devient une cité prospère et un port d'envergure. La construction navale, l'exportation de blé, de bois et de goudron comptent parmi ses principales activités. Cependant, les colons sont exaspérés par le gouvernement britannique, qui les étrangle financièrement. Théâtre d'émeutes et d'affrontements réguliers au cours du XVIIIe siècle, New York entre dans la guerre d'Indépendance, qui éclate en 1775 pour s'achever en 1783 sur la victoire des Américains. Signé le 3 septembre, le traité de Paris reconnaît l'indépendance des États-Unis et, le 25 novembre, les troupes britanniques quittent New York. Tenant contre elle la tablette de la Déclaration d'indépendance, la statue de la Liberté rappelle ce moment fondateur de l'histoire américaine.

Devant le Federal Hall se dresse l'imposante statue de George Washington, icône de la nation américaine.

1

2

[1] Construite en 1719, la *Fraunces Tavern* est un vestige de l'époque coloniale. Elle représente aussi l'un des symboles de la guerre d'Indépendance : c'est ici que le général George Washington offrit un dîner d'adieu à ses officiers le 4 décembre 1783, après sa victoire sur les Britanniques. La taverne est aujourd'hui un restaurant-musée.
[2] Le *block* comprenant la *Fraunces Tavern* et les bâtiments alentour est classé quartier historique.
[3] et [4] En plein cœur du Financial District, les couleurs et les matériaux des édifices anciens contrastent avec ceux des tours modernes environnantes.

3

4

New York est né sur la pointe sud de Manhattan : l'éclectisme architectural de ce quartier témoigne de l'histoire séculaire de la ville.

Ouverte en 1766, St. Paul's Chapel est la seule église de Manhattan construite avant l'indépendance américaine.

1

[1] et [3] Située en face du site du World Trade Center, St. Paul's Chapel échappa miraculeusement à la destruction lors des attentats du 11 septembre 2001. Elle put dès lors servir de lieu de refuge et de repos aux pompiers et secouristes, qui venaient s'allonger sur les bancs (*pews* en anglais).
[2] Des messes à la mémoire des victimes furent régulièrement organisées après le drame.
[4] Lieu de pèlerinage attirant chaque année des milliers de visiteurs, l'église renferme un mémorial aux victimes du 11 septembre.

2

3

4

Construit en 1748, le bâtiment abritant le Van Cortlandt House Museum est l'un des rares vestiges de l'époque coloniale, et le plus ancien édifice du Bronx. Le musée retrace la vie quotidienne des colons aisés. Au-dessus de la plupart des fenêtres on peut discerner d'étranges visages sculptés.

La Dyckman Farmhouse, maison coloniale hollandaise, fut construite en 1784. S'étendant sur 120 hectares, elle constitue la plus grande ferme de Manhattan encore préservée. Au début du XXe siècle, les héritiers de la famille Dyckman l'offrirent à la ville, qui en fit un musée.

[1] Sur les marches du Federal Hall, une statue représente George Washington prêtant serment sur la Bible lors de son investiture en tant que premier président des États-Unis, en 1789.
[2] Federal Hall fut le premier hôtel de ville de New York. Détruit en 1812, il fut reconstruit dans le style *Greek revival* pour accueillir le Bureau des douanes. C'est aujourd'hui un mémorial célébrant le souvenir de l'ancienne mairie.

[1] À l'intérieur de Federal Hall se dresse une impressionnante rotonde aux colonnes de marbre.
[2] Avec ses colonnes doriques surmontées d'un chapiteau, Federal Hall est l'un des plus beaux exemples du néoclassicisme new-yorkais.
[3] Federal Hall se dresse au cœur du Financial District, non loin de la Bourse, ici parée du drapeau national.
[4] Plus modernes mais également emblématiques : les immanquables véhicules de la police new-yorkaise…

[1] et [2] Jumel Terrace et les rues adjacentes, dans Harlem, forment l'un des quartiers historiques les plus pittoresques de New York. [3] et [page de droite] De style colonial, entourée d'un jardin et dotée d'un portique palladien, la Morris-Jumel Mansion fut édifiée en 1765 par un officier britannique du nom de Roger Morris. Elle fut occupée en 1776 par George Washington, qui en fit son quartier général pour la défense de Manhattan.

Cette élégante demeure fut transformée en musée en 1904. C'est la plus ancienne de Manhattan.

[Page de gauche] L'un des pères fondateurs des États-Unis, Benjamin Franklin, participa à la rédaction de la Déclaration d'indépendance du pays, en 1776.

[1] Une sculpture de John Quincy Adams Ward montre Horace Greeley assis, un journal ouvert sur les genoux. Fondateur du *New York Tribune* en 1841, il fut aussi un homme politique influent acquis aux idées progressistes.

[2] City Hall Park est situé dans le Civic Center, quartier dense de Manhattan où se concentrent les bâtiments officiels et administratifs.

[3] Des allées plantées d'arbres convergent vers la belle fontaine de Jacob Wrey Mould.

1

[1] à [3] Émaillé de fontaines, de statues et de bassins, parcouru d'allées ombragées, City Hall Park attire, à l'heure de la pause déjeuner, les employés des bureaux alentour. [4] Une élégante sculpture célèbre la mémoire du patriote Nathan Hale, pendu par les Anglais en 1776 pour espionnage.

2

3

4

Le New York City Hall, siège de l'administration municipale, fut bâti entre 1803 et 1812. On doit son architecture extérieure, de style Renaissance, au Français Joseph François Mangin.

Au cœur du quartier administratif, Chambers Street est dominée par le Municipal Building, coiffé d'une statue en cuivre d'Adolph Weinman nommée *Civic Fame*. Il s'agit de la plus haute sculpture de la ville.

[Double page suivante] Symbole immuable de New York, la statue de la Liberté célèbre la démocratie américaine.

Church St
DELI • SAL BAR • GROCERY • FLOWER
ONE WAY
LOT-LESS
NYC TAXI
DELI • GROCERY

Haute de 44 mètres, *La Liberté éclairant le monde* se dresse dans la baie de New York. Dessinée par le sculpteur français Auguste Bartholdi, dotée d'une armature en fer réalisée par Gustave Eiffel, elle fut offerte par la France aux États-Unis en 1886 pour célébrer le centenaire de l'alliance entre les deux nations lors de la guerre d'Indépendance.

[1] Le ferry *Miss Liberty* débarque les touristes venus visiter Ellis Island, à la pointe sud de Manhattan. [2] Ellis Island était jadis le point de contrôle obligatoire des immigrants désireux de gagner New York et le Nouveau Monde. Entre 1892 et 1924, quelque douze millions de candidats à l'immigration transitèrent par ici. [3] Le bâtiment principal de l'île retrace aujourd'hui l'histoire de l'immigration aux États-Unis.

1

2

3

L'entrée du bâtiment principal est formée d'une longue arche surmontée d'un auvent de métal et de verre. Il faut l'imaginer foulée par des files d'immigrants, anxieux de savoir s'ils allaient pouvoir vivre le rêve américain...

[1] Les nouveaux arrivants devaient attendre l'accomplissement de formalités administratives dans le grand hall du bâtiment principal avant de passer des contrôles linguistiques et sanitaires.
[2] Les hommes voyagent, et avec eux les mots traversent les frontières... Cet « arbre à mots » livre l'origine, parfois inattendue, de certains noms.
[3] Les bagages étaient contrôlés dès l'arrivée des immigrants.

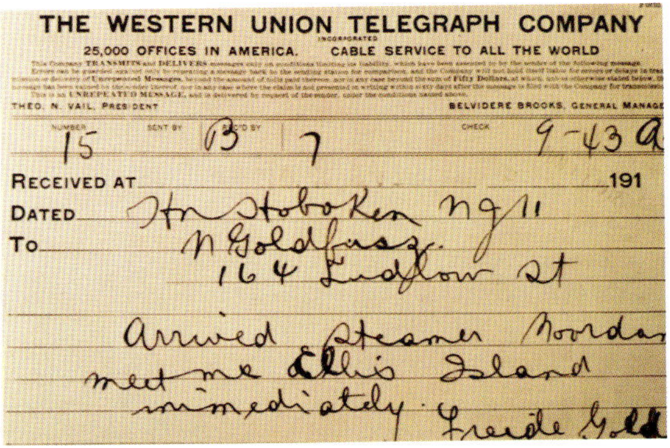

Une profusion d'objets, de documents et de photographies d'époque permet de retracer l'expérience vécue par les immigrants débarqués à Ellis Island.

[1] Réalisée en 1973 par Luis Sanguino, la statue *The Immigrants* dépeint les luttes et souffrances vécues par les immigrants. Elle est exposée dans Battery Park, à la pointe sud de Manhattan, par où transitaient les premiers immigrés avant l'ouverture d'Ellis Island.
[2] et [3] Ce monument équestre représente le général allemand Franz Sigel. Exilé aux États-Unis à partir de 1852, il s'illustra dans les rangs nordistes durant la guerre de Sécession.

1

2

3

[1] Près de la pointe sud de Manhattan, South Street Seaport occupe le site originel du port de New York. [2] et [3] Rappelant le riche passé maritime de la ville, South Street Seaport comprend d'anciens entrepôts, un musée sur le port historique ainsi qu'une marina où sont amarrés de vieux gréements.

Un empire financier et commercial

Wall Street : comprimée d'un bout à l'autre entre des gratte-ciel dédiés aux affaires et au profit, cette rue étroite située au cœur du quartier financier de Manhattan symbolise à elle seule le pouvoir économique des États-Unis et la puissance du capitalisme en général.

L'origine de Wall Street date de 1653 : cette année-là, le gouverneur hollandais Peter Stuyvesant ordonne l'érection d'un rempart de 800 mètres de long de l'East River à l'Hudson, afin de protéger La Nouvelle-Amsterdam d'une éventuelle invasion britannique par voie terrestre. En 1694, alors que la colonie est passée aux mains des Anglais, le mur est démoli et ses pierres de fondation sont utilisées pour édifier un nouvel hôtel de ville, à l'angle de Broad Street et Wall Street. Trinity Church, à l'extrémité ouest de Wall Street, est bâtie quatre ans plus tard. Plusieurs fois rénovée au fil des siècles, cette église populaire servira de lieu de recueillement pour les New-Yorkais et les touristes après les attentats du 11 septembre 2001.
Au cours du XVIIIe siècle, alors que la ville est en pleine expansion démographique et économique, de nombreuses banques, entreprises de négoce et compagnies d'assurances s'établissent dans cette rue. Preuve du rayonnement de Wall Street, c'est là, sur les marches du Federal Hall, que George Washington prête serment comme premier président des États-Unis, en 1789. La Bourse est créée trois ans plus tard, en 1792. Siégeant à l'origine dans le Tontine Coffee House, installée depuis 1865 sur Broad Street, elle institue définitivement Wall Street comme centre officiel de toutes les tractations financières et commerciales du pays. Elle est, depuis la Première Guerre mondiale, la Bourse la plus influente du monde.

Centre névralgique de Wall Street, le New York Stock Exchange est la plus grande Bourse du monde. Près de 200 millions de titres s'y échangent chaque jour. L'institution a élu domicile dans son bâtiment actuel en 1903.

Depuis les attentats du 11 septembre 2001, les alentours de la Bourse, sévèrement gardés, sont inaccessibles aux véhicules non autorisés.
[Page de droite] Trinity Church se dresse depuis trois siècles à l'extrémité de Wall Street.

BROAD ST
EQUINOX
EQUINOX

Oasis spirituelle où les « Wall Streeters » viennent se ressourcer entre deux transactions, Trinity Church tranche avec les gratte-ciel dédiés au profit et aux affaires du Financial District. Son clocher, qui culmine à 85 mètres de hauteur, était, au XIXe siècle, un repère bien connu des navigateurs.

L'actuelle Trinity Church a été bâtie en 1846 dans le style néogothique, avec un grès rose typique des constructions new-yorkaises de l'époque. C'est la troisième église à avoir été érigée sur le site. Son cimetière abrite les tombes de célèbres New-Yorkais, comme l'homme d'État Alexander Hamilton ou l'inventeur du bateau à vapeur Robert Fulton.

Le *Charging Bull*, sculpture de bronze pesant 3,2 tonnes, fut réalisé en 1989 par Arturo Di Modica suite au krach boursier de 1987, pour symboliser « la puissance et l'espoir du peuple américain dans son avenir ».

[Page de droite] L'un des plus grands marchés boursiers américains, l'American Stock Exchange, siège dans un bel édifice Art déco du Financial District, bâti en 1921.

[Double page suivante] Le drapeau national cache les colonnes de l'imposant bâtiment néoclassique abritant le New York Stock Exchange.

ICAN STOCK EXC

NEW YORK STOCK

EXCHANGE

Avant l'attentat terroriste du 11 septembre 2001, les tours jumelles du World Trade Center dominaient Manhattan du haut de leurs cent dix étages. La reconstruction de Ground Zero devrait s'achever en 2014, avec notamment l'érection de quatre gratte-ciel, dont la tour de la Liberté.

1

2

3

[1] et [3] Le mémorial aux 343 pompiers qui disparurent lors de l'attaque du 11 septembre est ouvert depuis 2006. Il représente une longue frise de bronze montrant des pompiers en exercice.
[2] et [4] Sous le bas-relief, des fleurs, des photographies et autres souvenirs ont été déposés par les proches des disparus.

4

Le mémorial aux pompiers est situé sur Liberty Street, juste en face de Ground Zero.

1

2

[1] et [2] Inspirée des palais florentins de la Renaissance, la Federal Reserve Bank, achevée en 1924, est l'une des douze banques fédérales. C'est ici que la monnaie américaine est émise. Le sous-sol recèle l'une des plus importantes réserves d'or du monde. [3] et [4] Le Financial District est formé de rues étroites comprimées entre des tours incroyablement hautes.

3

4

[1] Devant la tour One Liberty Plaza, en face du site du World Trade Center, trône un cube d'acier réalisé en 1968 par le sculpteur Isamu Noguchi. Ses diagonales et sa couleur rouge contrastent avec les tours verticales et sombres qui l'encadrent.
[2] La tour One Liberty Plaza, achevée en 1974, gravement endommagée lors des attentats du 11 septembre, a abrité un temps le siège du Nasdaq.
[3] et [4] Sur la place se dresse la sculpture *Joie de vivre*, de Mark di Suvero.

Avec sa fontaine centrale et ses allées arborées, le charmant parc de Bowling Green, au sud de Broadway, attire à l'heure du déjeuner les personnes travaillant dans le quartier financier, tout proche.

Sur Bowling Green, la US Custom House était à l'origine occupée par le service des douanes américaines. Bâti entre 1902 et 1907 par Cass Gilbert, ce palais de granit richement orné et entouré de 44 colonnes ioniques accueille désormais un musée consacré aux Amérindiens.

[1] et [2] Inauguré en 1988, le World Financial Center renferme un vaste jardin d'hiver surmonté d'une magnifique voûte de verre et d'acier de 36 mètres de haut. L'escalier de marbre qui y mène sert fréquemment de gradins lorsque des concerts sont donnés. [3] Le jardin d'hiver et les tours qui l'enserrent, dessinés par César Pelli, sont bordés de boutiques et de restaurants.

Certaines des plus grandes entreprises mondiales ont leur siège au World Financial Center. Ouvrant à l'est sur le fleuve Hudson (Hudson River), le complexe jouit d'un emplacement privilégié.

Capitale du luxe et de la mode

À l'ouest de Central Park, l'Upper East Side concentre les avenues les plus somptueuses de la ville. Vitrines de la prospérité new-yorkaise, habitées par les Américains les plus fortunés des États-Unis, Madison Avenue et ses consœurs déploient fièrement leurs palaces, magasins de luxe, galeries d'art et demeures de prestige.

La prospérité de l'Upper East Side commence dans les années 1880. Auparavant, ce secteur, communément appelé Lenox Hill, était habité par des immigrés originaires d'Irlande et d'Europe de l'Est, qui occupaient de modestes *brownstones*. Verdoyant et paisible, il attire cependant de riches industriels qui, tels Andrew Carnegie ou Henry C. Frick, s'y font construire d'imposantes villas. Suite à l'invention de l'immeuble de haut standing par un cabinet d'architectes new-yorkais très influent à l'aube du XXe siècle, les petites maisons de grès ont été supplantées par des habitations de luxe, que l'élite de la ville ne tarda pas à investir.

La Cinquième Avenue se scinde en deux : le secteur résidentiel, situé le long du parc, où alternent hôtels particuliers extravagants et immeubles haut de gamme, laisse place, plus au sud, à une zone commerçante aux enseignes de renom, telles que Cartier ou Tiffany & Co. Comme l'élégante Park Avenue, elle compte parmi les rues les plus chères du monde. Le luxe n'est pas l'apanage de cette portion de Manhattan. Herald Square peut s'enorgueillir d'abriter Macy's, le plus grand des grands magasins, arborant une imposante façade gardée par des caryatides. Non loin, le quartier huppé de Chelsea regorge de galeries d'art et d'antiquaires. Il est traversé par la Septième Avenue, où sont implantés les bureaux des plus grands stylistes américains et d'innombrables ateliers de confection. Baptisée « Fashion Walk of Fame », elle rappelle que New York, à l'instar de Paris, Londres et Milan, joue un rôle de premier plan dans l'industrie de la mode.

Saks Fifth Avenue est considérée par beaucoup comme le symbole de l'élégance et du chic new-yorkais.

Grandiose, la Trump Tower fut érigée en 1983 à l'initiative du géant de l'immobilier Donald Trump, qui désirait voir son nom gravé sur la plus haute tour de l'avenue la plus chère de New York... Ses cinquante-huit étages renferment des appartements privés et des bureaux valant des fortunes.

Construit en marbre d'Italie paré de dorures, s'élevant sur six étages et bordé de boutiques de luxe, le hall de la Trump Tower est clinquant à souhait...

La Cinquième Avenue rime avec luxe, farniente et opulence.

La Cinquième Avenue est très passante dans sa portion sud, où se concentre la majorité des magasins.

Appartements de luxe et boutiques de renom alternent le long de la Cinquième Avenue, qui était strictement résidentielle au début du XXe siècle.

[1] Immortalisé à l'écran par Blake Edwards dans *Breakfast at Tiffany's*, Tiffany & Co. étincelle de diamants, d'or et d'argent... Sur dix étages, cette boutique au luxe discret vend exclusivement des bijoux. [2] L'élégant magasin Bergdorf Goodman fait la part belle aux créateurs européens. [3] Comme la plupart des enseignes prestigieuses, Louis Vuitton a élu domicile sur la Cinquième Avenue.

[1] Tel un musée, la boutique de luxe Prada expose ses articles comme autant d'œuvres d'art...
[2] et [3] Le Rockefeller Center, vaste complexe culturel et commercial, a été bâti dans l'esprit Art déco, comme en témoigne l'architecture de la Maison française.

[Double page suivante]
Les décorations extérieures de la Maison française sont l'œuvre du sculpteur français Alfred Janniot.

L'enseigne Saks Fifth Avenue fut fondée en 1924 sur la Cinquième Avenue. Depuis, la chaîne s'est répandue dans tous les États-Unis.

玲瓏

[1] et [page de gauche] Réalisé en 1905 dans le style beaux-arts, l'hôtel *Peninsula* est l'un des plus somptueux de la ville.
[2] et [3] En face du précédent, sur la Cinquième Avenue, l'hôtel *St. Regis* rivalise avec lui de luxe et de raffinement.

Ruisselant d'or et de pierres précieuses, les bijouteries foisonnent le long de la 47e Rue. Celle que l'on surnomme « Diamond Row », ou « rue du diamant », naquit dans les années 1930, lorsque les diamantaires juifs de Hollande et de Belgique, chassés par les nazis, s'exilèrent aux États-Unis.

En 1931, ce palace a remplacé les prestigieux hôtels Waldorf et Astoria, détruits pour laisser place à l'Empire State Building. Il a néanmoins conservé le nom et l'élégance de ses prédécesseurs, propriétés de l'inventeur, écrivain et homme d'affaires milliardaire John Jacob Astor IV, disparu en 1912 dans le naufrage du *Titanic*.

1

[1] À l'intérieur de l'hôtel *The Pierre,* une magnifique rotonde peinte en trompe-l'œil évoque la Renaissance.
[2] Bâti en 1904 dans le style Beaux-Arts, l'Ansonia est réputé pour sa tourelle ornementée. Protégé par des murs épais, il a vu passer les plus grands musiciens et chanteurs, tels Igor Stravinski, Arturo Toscanini ou Lily Pons.
[Page de droite] Le Pierre tire son nom de son fondateur, Charles Pierre Casalasco, un hôtelier corse qui émigra à New York en 1904.

2

The Pierre

En l'espace de quelques jours, la foire à tout transforme la Cinquième Avenue et les rues adjacentes en quartier populaire.

[1] Brocantes et marchés s'installent régulièrement à New York.
[2] La Cinquième Avenue est bordée de boutiques et d'hôtels élégants.
[3] et [4] Broadway est l'une des artères commerciales les plus passantes de la ville.

THE WORLD'S LARGEST STORE
★macy's
macy's
sunglass hut
sunglass hut

[Page de gauche] Depuis 1902, Chelsea peut se targuer d'accueillir le plus grand magasin du monde, Macy's.
[1] et [2] L'horloge du New York Herald Building se dresse désormais sur Herald Square, au cœur de Chelsea, quartier de la mode et de la confection.

Un paradis architectural

Des maisons en *brownstone* aux immeubles en *cast-iron* de SoHo en passant par les édifices de style italianisant, néo-Renaissance, néogrec ou beaux-arts, l'architecture new-yorkaise affiche une extraordinaire diversité. Plus récents, sculptant la *skyline* de Manhattan, les gratte-ciel s'imposent comme la signature visuelle de la ville.

S'il ne reste à New York qu'une poignée de maisons de l'époque coloniale, les édifices construits juste après l'indépendance ont mieux résisté au temps : les rangées de maisons mitoyennes aux façades de briques et les immeubles de style « fédéral » ou néoclassique datent de cette période. La seconde moitié du XIXe siècle voit émerger une large palette de styles puisant dans les modèles européens, anciens et contemporains : on remet au goût du jour l'architecture médiévale, gothique et romane, on s'inspire de la Renaissance italienne, on adopte la manière haussmannienne. Influencé par l'École des beaux-arts de Paris, le style du même nom, caractérisé par de monumentales façades et une profusion d'ornements, connaît une grande popularité entre 1890 et 1920.
Loin de se borner à imiter les canons de la vieille Europe, New York développe son propre langage architectural. Vers 1850, les premiers *cast-iron* apparaissent : formés d'une ossature en fonte moulée, ces immeubles préfigurent les gratte-ciel – les premiers d'entre eux jailliront, quelque cinquante années plus tard, sur la pointe sud de Manhattan. Le flamboyant Woolworth Building, inauguré en 1913, l'immeuble Chrysler et l'Empire State Building, fleurons de l'esthétique Art déco, tous deux achevés en 1930, entament la métamorphose du paysage urbain. Terre de monolithes, ville verticale, New York apparaît depuis comme l'emblème de la modernité.

Toisant Manhattan du haut de ses 381 mètres, l'Empire State Building règne en maître incontesté sur la *skyline* new-yorkaise.

La construction de l'Empire State Building s'acheva en 1930, en pleine dépression, si bien que ses promoteurs peinèrent à louer ses bureaux. Le succès remporté par son observatoire, au cent deuxième étage, leur permit cependant d'éviter la faillite.

[Double page précédente]
La pointe sud de Manhattan est hérissée de monolithes serrés les uns contre les autres.

NYC

1

2

[Page de gauche]
Dessiné par l'architecte canadien Frank Gehry, achevé en 2007, ce curieux immeuble, IAC Building, de dix étages évoque un iceberg torsadé.
[1] et [2] Chef-d'œuvre du style Art déco, le Chrysler Building, bâti en 1930, dresse vers le ciel son pinacle d'acier, qui allie harmonieusement la courbe et le triangle.
[3] L'esthétique Art déco se lit dans le hall du building, tout de marbre et d'acier chromé.

3

Inscrit à l'inventaire du patrimoine new-yorkais, le Rockefeller Center comptait quatorze gratte-ciel en 1940, tous bâtis dans l'esprit Art déco. En constante évolution, il en regroupe désormais dix-neuf.

[Double page précédente] L'île de Manhattan s'entoure de deux fleuves, l'Hudson River à l'ouest et l'East River à l'est.

Dédié aux affaires, au commerce et à la culture, le Rockefeller Center mêle immeubles de bureaux et espaces de détente.

Les œuvres d'une trentaine d'artistes ornent les jardins et façades du centre.

Bâti en 1913 dans le style néogothique, le Woolworth Building demeura jusqu'en 1930 le plus haut édifice du monde. Il fut le siège de l'entreprise de Frank Woolworth, qui révolutionna l'univers de la distribution en créant des magasins où tout était vendu 5 ou 10 cents.

Achevé en 1952 et situé sur Park Avenue, le Lever House fut le premier immeuble new-yorkais à façade exclusivement vitrée. Symbole de l'avant-garde, il se distingue par une architecture épurée, se réduisant à un ensemble de dalles de verre et d'acier soutenues par des piliers de métal.

[1] et [2] Érigé en 1963, le MetLife Building était à l'origine le siège de la Pan Am, compagnie aérienne pionnière qui ouvrit la première ligne transpacifique. Un héliport occupa le toit de l'immeuble jusqu'en 1977. Écrasant, ce building fut longtemps décrié.
[3] La sculpture du Suédois Carl Fredrik Reuterswärd, intitulée *Non-Violence*, orne les jardins du siège de l'ONU.
[Page de droite] Les drapeaux des États membres flottent devant le siège des Nations unies.

1

2

3

1

[1], [2] et [page de gauche] Achevé en 1932, l'American International Building est orné sur toute sa façade de bas-reliefs et de sculptures Art déco.
[3] L'élégant hotel Westin est comprimé dans une rue étroite à deux pas de Times Square.

2

3

[1] et [page de droite] Achevé en 1958, le Seagram Building, chef-d'œuvre du style international, s'impose par son équilibre.
[2] Le chien monumental de Jeff Koons, l'un des sculpteurs contemporains les plus cotés, s'est invité dans le hall du Seagram Building.
[3] Sur une place proche du Seagram Building, les tours vitrées transparentes et l'eau limpide du bassin entrent en résonance.

NY
S/S
2011
15

Fleuron du modernisme, le Time Warner Center est un gigantesque complexe commercial et artistique. Il constitue le cœur culturel de New York depuis son inauguration, en 2003.

[1], [2] et [page de gauche] Tout de noir et d'or vêtu, l'American Radiator Building, aujourd'hui reconverti en hôtel, fut conçu en 1924 par Raymond Hood. On doit à cet éminent architecte plusieurs autres tours Art déco à New York, comme le GE Building ou le McGraw-Hill Building. [3] et [4] Situé près du City Hall, le Municipal Building fut érigé en 1914 pour héberger les services municipaux de la ville. Avec sa tourelle coiffée d'une statue dorée, il forme l'édifice le plus impressionnant du Civic Center.

[1] et [2] Achevée en 1918, la Bush Tower associe des éléments néogothiques et Art déco. Sur les côtés, des rangées de briques ont été apposées de bas en haut, de manière à accentuer sa verticalité.
[3] et [page de droite] Le Hearst Building, édifice en pierre de cinq étages, fut érigé en 1928 pour héberger les rédactions des sept magazines du magnat de la presse William R. Hearst. Le gratte-ciel fut construit en 2006, dans l'enceinte même du premier bâtiment.

1

2

3

1740

[1] Dominant le quartier financier du haut de ses 244 mètres, la Chase Tower fut achevée en 1960. [2] Achevé en 1930, l'Eldorado compte parmi les immeubles les plus prestigieux de Central Park West. [3] Construit à la même époque, le McGraw-Hill Building présente sur sa façade des lignes de terre cuite vertes scintillantes, qui lui valurent d'être surnommé « The Jolly Green Giant », en référence au géant vert des boîtes de maïs.

Bel exemple du postmodernisme, le Lipstick Building séduit par son originalité. Il est formé de quatre cylindres ovales placés les uns sur les autres, du plus grand au plus petit, tandis que sur la façade des bandes de granit rouge soulignent les rangées de fenêtres.

[page de gauche] Les tours de Manhattan déclinent tous les styles architecturaux du xxe siècle.
[1] à [3] Le Cooper Union Building en reflet, le Chrysler Building s'élevant à 320 mètres et le Flatiron Building, inspiré des palais de la Renaissance italienne, qui fut inauguré en 1902.

NEW HAVEN LINE DEPARTURES
TIME TRK DESTINATION REMARKS
Information
MTA METRO-NORTH TIMETABLES
MTA METRO-NORTH ARRIVALS
ARRIVALS

Monument à part entière, le Grand Central Terminal fut reconstruit en 1913 dans le style beaux-arts. L'immense hall de la gare se déploie sous une voûte splendide s'élevant à 38 mètres. Le plafond représente les constellations du zodiaque, qui scintillent grâce à des lampes halogènes.

[1] Le quartier le plus prisé de Brooklyn, Park Slope, recèle d'élégantes demeures bourgeoises. [2] et [3] Les maisons de grès s'alignent harmonieusement. Construites à partir des années 1850 pour les classes aisées, les *brownstones* sont bâties sur un modèle unique : il s'agit de maisons de trois étages dont l'entrée, surélevée, est précédée d'une volée de marches ornée d'une double balustrade.

[1] Les ornementations sont bien mises en valeur sur ces *brownstone* de Hancock Street, à Brooklyn.
[2] à [4] Dans le quartier de Mount Morris Park, à Harlem, se dressent certaines des plus belles *brownstone* de la ville.

[1] et [2] Ces maisons mitoyennes furent construites en 1892 par Clarence True, le grand bâtisseur de l'Upper West Side. [3] Cette *brownstone* se distingue par son style néo-Renaissance. Elle est située dans la 95e Rue, l'une des plus séduisantes de l'Upper West Side. [Page de droite] Seule la couleur distingue ces deux sœurs jumelles de style italianisant, bordant la 95e Rue.

DO NOT PLACE UNSOLICITED ADVERTISING MATERIALS ON THIS PROPERTY

Madewell
Madewell

Datant du XIXe siècle, les constructions en *cast-iron* (fonte moulée) font la singularité du quartier de SoHo.

Quartier tendance abritant des lofts d'artistes, des galeries d'art et des boutiques chics, SoHo accueillait au XIXe siècle d'innombrables entrepôts et manufactures. Les immeubles furent bâtis en fonte, matériau solide et bon marché permettant de créer de vastes espaces hauts de plafond, percés de grandes fenêtres.

1

2

3

[1] à [3] La construction de la cathédrale Saint-Jean-le-Divin (Saint John the Divine), plus grande cathédrale du monde, a démarré en 1892 et n'est toujours pas terminée. Ses architectes se sont inspirés des styles roman et gothique.
[4] et [page de droite] L'Episcopal Church of the Transfiguration se fait familièrement appeler « la petite église au coin de la rue ». Elle reçut ce surnom en 1870 lorsque le pasteur d'une paroisse voisine refusa d'organiser les obsèques de l'acteur George Holland : « Nous ne célébrons pas les funérailles des comédiens, déclara-t-il, mais il y a une petite église au coin de la rue qui le fait. »

4

1

2

3

[1] et [2] Achevée en 1879, St. Patrick's est une cathédrale néogothique monumentale, offrant une oasis de quiétude en plein Midtown.
[3] et [4] Avec ses briques roses et ses colonnades, la St. Bartholomew's Church apporte un peu de pittoresque sur Park Avenue. L'église fut achevée en 1919 et arbore un style néobyzantin.

4

[1] La Marble Collegiate Church fut érigée entre 1851 et 1854 à proximité de Madison Square Park.
[2] Une barrière de fonte entoure l'église de marbre. Elle servait jadis à empêcher le bétail d'entrer dans le bâtiment.
[3] L'Abyssinian Baptist Church est l'église la plus renommée de Harlem. Fondée en 1808, c'est aussi la plus ancienne paroisse noire de New York.

[1] et [2] Habillée de granit brut et de briques dorées, la Mount Morris Ascension Presbyterian Church ne manque pas d'étonner. Sa construction remonte à 1906.
[3] et [4] La Riverside Church fut construite en 1930 à l'instigation de John Rockefeller. Inspirée de la cathédrale de Chartres, sa tour néogothique de vingt et un étages domine les hauteurs de Harlem.

1

2

3

[1] Le clocher d'un blanc pourtant immaculé se remarque à peine dans la jungle des gratte-ciel du Financial District.
[2] et [3] Toute de grès rouge, la Fifth Avenue Presbyterian Church dresse vers le ciel non pas un clocher, mais trois !

Harlem abrite un ensemble inattendu de cloîtres médiévaux.

Inauguré en 1883, le mythique pont de Brooklyn était alors le plus long pont suspendu au monde (1 825 mètres), et le premier ouvrage de ce type à avoir été bâti en acier.

Le pont de Manhattan enjambe l'East River et relie Brooklyn à Manhattan au niveau de Chinatown. Ce pont suspendu et haubané a été ouvert à la circulation le 31 décembre 1909. Combinant grâce et puissance, c'est le pont préféré des films américains...

Gratte-ciel rutilants et arrière-cours taguées : le pont offre des vues très contrastées sur Manhattan.

[1], [2] et [page de gauche] Le pont George-Washington (surnommé GW) traverse l'Hudson River et relie Washington Heights, au nord de Manhattan, à Fort Lee, dans le New Jersey. Mis en service en 1931, agrandi en 1962, le GW est le seul pont au monde à compter quatorze voies.
[3] Achevé en 1848, High Bridge est aujourd'hui le plus ancien pont de New York. Il faisait partie d'un long aqueduc qui approvisionnait Manhattan en eau potable.

[1] Reliant Manhattan au Bronx, Hudson Bridge fait partie des soixante-seize ponts de la ville franchissant une voie d'eau.
[2] et [3] Triborough Bridge porte bien son nom : ouvert à la circulation en 1936, il permet de relier trois *boroughs* de New York : Manhattan, Queens et le Bronx.

[1] et [2] Enjambant l'East River, Queensboro Bridge fait la jonction entre Manhattan et Long Island.
[3] Queensboro Bridge fut inauguré en 1909. Comme d'autres ouvrages de ce type à New York, il fut bâti sur le modèle des ponts cantilevers, et présente une structure métallique reposant sur des poutres centrales.

Sobre et raffiné, le Verrazano-Narrows Bridge relie Staten Island à Brooklyn. C'est d'ici que part le célèbre marathon de New York.

NEW YORK TEMPLE

DES ARTS ET DE LA CULTURE

Ville mythique du jazz

Loin devant Chicago et La Nouvelle-Orléans, New York est depuis près d'un siècle la capitale incontestée du jazz. Dès les années 1920, les musiciens, souvent originaires du Sud, viennent tenter leur chance dans la « grosse pomme ». Ils espèrent se faire engager dans les clubs de Harlem qui, plus que tout autre, leur promettent une notoriété et une carrière d'exception.

La scène new-yorkaise est alors incarnée par Louis Armstrong et Duke Ellington. Le premier, trompettiste au jeu brillant, enchante le public par ses solos improvisés, son jazz énergique et jovial. Étant l'un des artistes les plus appréciés de la ville dans les années 1930, il ne s'y installe définitivement qu'en 1943, après avoir bourlingué à travers les États-Unis. Le second, pianiste virtuose fondateur du groupe The Washingtonians – du nom de sa ville natale –, devient dès 1927 la star du Cotton Club, célèbre cabaret de Harlem. Il le restera des années durant. Grâce à Armstrong, Ellington et leurs acolytes, New York vibre au son des big bands tonitruants…
Après la Seconde Guerre mondiale, le jazz classique cède la place au be-bop. Les grands orchestres de dix, voire vingt-cinq musiciens, disparaissent au profit de quartettes, quintettes et sextuors; les solos, longs, extatiques, ainsi que les « bœufs » prennent de l'importance; le tempo s'accélère, les rythmes se brisent : le be-bop impose une musique endiablée, rebelle et plus personnelle, à l'image même de la New York de l'époque. Les pionniers de ce jazz révolutionnaire se nomment Charlie Parker, Kenny Clarke, Thelonious Monk, Charles Mingus, John Coltrane. Ils se produisent fréquemment dans un club devenu depuis légendaire, le Village Vanguard, au cœur de Greenwich. Aujourd'hui, New York demeure la ville la plus jazzy du monde. Harlem, Greenwich Village et plus encore East Village abritent des clubs incontournables pour les amateurs.

Tels ceux du Cotton Club All Stars, les plus grands jazzmen continuent de se produire à New York.

[1] et [2] Regroupant une formation swing et une formation blues et jazz, l'orchestre des All Stars est né dans le club de jazz mythique de Harlem, le Cotton Club, immortalisé par Francis Ford Coppola dans son film *The Cotton Club*.
[3] et [4] Inauguré en 1939, le Lenox Lounge reçut entre autres légendes Billie Holiday et Miles Davis. Il reste l'un des plus fameux clubs de jazz de Harlem. Comme celui de l'avenue sur laquelle il est situé, son nom évoque le souvenir du philanthrope et bibliophile James Lenox (1800-1880), cofondateur du Presbyterian Hospital et de la New York Public Library, établie à Harlem.

De Duke Ellington à Aretha Franklin en passant par Charlie Parker, l'Apollo Theater a vu défiler les plus grands noms du jazz et du swing. Depuis plus de quatre-vingts ans, le music-hall organise des concours de musiciens amateurs, jadis élus à l'applaudimètre.

1

2

[1] et [2] Ancien creuset du jazz new-yorkais, mais fermé depuis 1993, le Village Gate a vibré au son du saxophone de John Coltrane et de la voix bouleversante de Nina Simone. Toujours en place, son enseigne rappelle ses illustres années…

[3] et [4] Le Village Vanguard transporte les aficionados depuis les années 1930. Bill Evans, John Coltrane, Brad Mehldau ou encore Michel Petrucciani y réalisèrent de mémorables enregistrements.

3

4

Établi depuis vingt-cinq ans à Greenwich Village, l'un des quartiers les plus jazzy de New York, le Blue Note est repérable à son auvent en forme de piano à queue. Le club jouit d'une renommée internationale. Ayant reçu les grands maîtres du jazz, tels B. B. King, Ray Charles ou Keith Jarrett, il invite également de grands orchestres, comme celui de Count Basie.

1

2

[Page de gauche] Au nord-est de Central Park, une statue majestueuse de près de 8 mètres de haut célèbre la mémoire de Duke Ellington. Réalisée en 1997 par Robert Graham, elle représente le musicien debout devant son piano.
[1] à [3] Le Birdland fut ainsi appelé en l'honneur de Charlie Parker, surnommé « Bird », la vedette du club. Dans les années 1950, il produisait Miles Davis et Stan Getz, et comptait parmi ses habitués quelques stars du cinéma comme Marilyn Monroe ou Gary Cooper. Il demeure l'un des clubs de jazz les plus courus de New York.

3

Louis Armstrong vécut dans cette modeste demeure de brique rouge avec son épouse Lucille, de 1943 jusqu'à sa mort, en 1971. Située dans la banlieue ouvrière de Corona (Queens), convertie en musée en 2003, la maison recèle quantité d'objets ayant appartenu au maître.

ΚΑΛΩΣΟΡΙΣΕΣ
欢迎
光临
¡BIENVEN
NEW
WELCOME
어서오세요
TIMES SQ
W 42 ST
WAY
LOFT
LOOK and OWN IT

Temple du théâtre et du cinéma

Le théâtre fait partie intégrante de la vie new-yorkaise et, en un sens, il est indissociable de Broadway. C'est en effet le long de cette « grande voie blanche » aux lumières agressives que se concentrent les salles de spectacle depuis le début du XIXe siècle. Établi à l'origine dans le Bowery, au sud du boulevard, le quartier des théâtres a peu à peu migré vers le nord pour prendre place autour d'Union Square, avant de s'égrener de Madison Square à Times Square.

Times Square s'affirme comme le lieu des plaisirs nocturnes dès 1920. Tout comme les hôtels, cinémas et restaurants, les théâtres sont légion : on en compte alors cinquante dans le quartier, ils seront soixante-dix dix ans plus tard. La diversité des programmes est indéniable. Outre des pièces populaires, les salles proposent des comédies musicales et un théâtre plus pointu : les œuvres du Prix Nobel de littérature E. O'Neill, celles de R. E. Sherwood et M. Connelly sont régulièrement jouées. Après-guerre, tandis que Broadway se spécialise dans les productions à grand spectacle, un théâtre alternatif s'affirme, qui délaisse le boulevard. C'est le théâtre *« off Broadway »*, littéralement « à l'extérieur de Broadway » : à Greenwich Village et ailleurs, maints petits théâtres expérimentaux ouvrent, qui mettent en scène les œuvres de Tennessee Williams, Jean Genet, Sartre, Beckett. Plus en marge encore, le théâtre *« off-off Broadway »* émerge dans les années 1960 pour se démarquer du précédent, qu'il juge trop frileux et conformiste...
Quant au cinéma américain, c'est à New York qu'il est né : jusqu'à la Première Guerre mondiale, c'est là qu'ont lieu les premières expérimentations cinématographiques. Certes, Hollywood a depuis volé la vedette à New York, mais la ville reste néanmoins la muse et le décor favori de célèbres réalisateurs, comme Woody Allen, Martin Scorsese ou encore Spike Lee.

Point d'orgue du quartier des théâtres, Times Square est l'un des visages mythiques de New York.

ROCK OF AGES
NEW MUSICAL
WOMEN on the verge of a
NERVOUS BREAKDOWN
A NEW MUSICAL
LINCOLN CENTER THEATER at the BELASCO
PALACE
WEST SIDE STORY
TICKETMASTER.COM / 212 307 4100
WEST SIDE STORY
SUITES

[1] et [page de gauche] Times Square et les rues alentour regorgent de cinémas et de théâtres réputés pour leurs comédies musicales spectaculaires.
[2] Cracheurs de feu, mangeurs de sabres et autres veaux à deux têtes s'invitent dans l'excentrique musée Ripley's Believe It or Not!, dédié aux objets et phénomènes bizarroïdes.

1

[1] Avec ses 597 sièges, le Helen Hayes est le plus petit théâtre du quartier. Il doit son nom à une illustre comédienne qui occupa les planches de Broadway pendant plus de soixante ans.
[2] et [3] Inauguré en 1913 avec des pièces de William Shakespeare, le Shubert Theatre produit désormais des comédies musicales. *A Chorus Line* y triompha quinze années de suite, entre 1975 et 1990, et atteignit le nombre record de 6 137 représentations.

2

3

1

2

[1] Le Majestic Theatre produisait à ses débuts des spectacles de revues clinquants. Depuis 1988, *Le Fantôme de l'Opéra*, la comédie musicale mondialement connue d'Andrew Lloyd Webber, tient l'affiche.
[2] et [3] Doté d'une façade baroque saisissante, le Lyceum Theatre est l'œuvre des architectes Herts & Tallant, réputés pour leur extravagance. Ouvert depuis 1903, c'est le plus ancien théâtre de Broadway encore en activité.

3

La plupart des théâtres de Broadway furent construits entre 1910 et 1930, aux beaux jours du vaudeville et du cabaret. Après avoir périclité dans les années 1980, ces temples de la comédie connaissent une seconde jeunesse. C'est ici que sont jouées les productions à succès, en majorité des spectacles musicaux.

Doté de six mille places, le Radio City Music Hall est la plus grande salle de spectacle de New York. Il fut construit en 1932 dans le style Art déco, à l'initiative de John Rockefeller.

Le Winter Garden Theatre se fit connaître dans les années 1910 grâce aux fameuses *Ziegfeld Follies*, inspirées des spectacles donnés aux Folies-Bergère. Équipé d'une scène particulièrement vaste, le théâtre est bien adapté aux productions d'envergure. *Mamma Mia !*, la comédie musicale basée sur des chansons d'Abba, connaît ici un énorme succès depuis plus de dix ans.

Au cœur du quartier des théâtres, le restaurant *Sardi's* fut inauguré en 1921. Ses murs sont couverts de caricatures de vedettes de Broadway. Depuis ses origines, le restaurant tient à aider les comédiens dans le besoin, en leur proposant un « *actor's menu* » à bas prix et en les engageant à l'occasion.

[1] Doté d'une façade de style beaux-arts, le Lunt-Fontanne Theatre ouvrit ses portes en 1910.
[2], [3] et [page de droite] Le New Victory Theater compte parmi la vingtaine de théâtres *« off Broadway »*. Ceux-ci se développèrent à partir des années 1950, dans le but de proposer des pièces plus pointues que les spectacles commerciaux généralement montés dans le quartier.

[Double page suivante] Le long de la « Great White Way », les affiches de spectacles envahissent les façades des immeubles.

NEW VICTOR

Disney and CAMERON MACKINTOSH present
MARY POPPINS
BROADWAY'S PERFECTLY MAGICAL MUSICAL
NO STANDING ANYTIME

Disney
PRESENTS
THE LION KING
MARY

Musées et hauts lieux de la culture

New York mérite sans conteste son titre de capitale mondiale des arts : du Met au Guggenheim Museum en passant par le MoMA, ses musées renferment les plus grandes collections d'œuvres d'art, tandis que Carnegie Hall et le Metropolitan Opera attirent les musiciens nationaux et étrangers les plus talentueux.

L'art du monde entier, toutes époques confondues, est ici représenté. Le Metropolitan Museum of Art, inauguré en 1872 dans le but explicite d'éduquer les masses laborieuses, rassemble à lui seul trois millions de pièces. À l'image du Louvre, il illustre l'histoire mondiale de l'art : antique, moyenâgeux, Renaissance, classique, impressionniste, asiatique, islamique... Le Museum of Modern Art et le Guggenheim Museum exposent les chefs-d'œuvre de l'art moderne et contemporain, le Whitney Museum fait la part belle à la création américaine, la Neue Galerie abrite les pièces majeures de l'expressionnisme allemand. À côté de ces mastodontes, une profusion de galeries et de petits musées promeuvent les jeunes talents, tandis que d'éminentes écoles et académies assurent aux artistes en herbe une formation sans égale.

New York a également de quoi enchanter les amateurs de musique savante, de ballets et d'opéras. Trois salles prestigieuses se partagent une programmation exemplaire : la Metropolitan Opera House, inaugurée en 1883, Carnegie Hall, ouvert en 1891 pour accueillir le New York Philarmonic Orchestra, et, depuis 1961, le Lincoln Center, le plus vaste complexe américain consacré aux arts du spectacle. La musique classique se produit chaque jour et partout : dans les grandes salles, mais aussi dans les écoles, les musées, les églises, les parcs et dans d'autres lieux insolites, comme au Symphony Space, un cinéma reconverti sur Broadway.

Des antiquités gréco-romaines à la peinture moderne américaine en passant par l'art islamique, le Metropolitan Museum of Art expose des millénaires de culture mondiale.

[1] Les visiteurs s'informent dans le spacieux hall avant de s'enfoncer dans le dédale des collections du Met.
[2], [3] et [page de gauche] Sculptures monumentales et argenterie finement ciselée se côtoient dans l'aile américaine du Met.

Avec son jardin de sculptures intérieur baigné de lumière, l'aile américaine, récemment restaurée, est l'un des must du Met.

Le Met ouvrit ses portes en 1872. Son objectif était de démocratiser l'art tout en rivalisant avec les grands musées européens. Établi dans un bâtiment néoclassique de pierre et de briques rouges, il ne cesse de s'agrandir depuis son ouverture.

Fondé en 1929, le Museum of Modern Art abrite l'une des plus belles collections d'art moderne du monde. Tous les champs visuels sont explorés : peinture, sculpture, dessin, mais aussi photographie, cinéma, films vidéo interactifs, installations électroniques, design et architecture.

1

[1] Le MoMA est entouré d'immenses baies vitrées offrant une belle luminosité et permettant de contempler, à l'extérieur, le jardin des sculptures. Grâce à ses vastes espaces, il peut prétendre accueillir n'importe quelle œuvre d'art, aussi monumentale soit-elle.
[2] L'intérieur du MoMA se distingue par un somptueux atrium.

2

Le MoMA doit son côté zen, aéré et lumineux à l'architecte japonais Yoshio Taniguchi, qui dirigea les travaux de rénovation du musée entre 2002 et 2004.

Peintures de maîtres et curieux mobilier : le plus du MoMA réside dans la diversité de ses collections.

En 1913, le riche industriel et amateur d'art Henry Clay Frick se fit construire un hôtel particulier somptueux dans l'Upper East Side. Transformé en musée en 1935, ce palais, où abondent les chefs-d'œuvre, a conservé son mobilier et sa décoration d'origine.

La plus célèbre salle de concert des États-Unis, le Carnegie Hall, fut associée dès son ouverture, en 1891, aux grands noms de la musique classique : Tchaïkovski y dirigea le concert inaugural, *La Symphonie du Nouveau Monde* d'Antonín Dvořák y fut créée en 1893, Artur Rubinstein et Camille Saint-Saëns s'y produisirent en 1906. Ouverte au jazz et à la musique populaire, la salle vit également passer Édith Piaf, Miles Davis, les Beatles ou encore les Rolling Stones.

1

2

[1] à [3] Le Guggenheim Museum, consacré à l'art contemporain, est la seule œuvre new-yorkaise du grand architecte américain Frank Lloyd Wright. [Page de droite] Vaste complexe dédié aux arts du spectacle, le Lincoln Center attire également les promeneurs en quête de tranquillité.

3

L'été, des concerts en plein air se tiennent sur le parvis du Metropolitan Opera, qui, avec ses cinq arches vitrées, forme sans doute l'édifice le plus spectaculaire du Lincoln Center. De Maria Callas à Luciano Pavarotti en passant par Jessye Norman, les plus grandes voix du XXe siècle s'y sont produites.

Intégré au Lincoln Center, le David H. Koch Theater programme des ballets et des opéras depuis son ouverture, en 1964. L'ancien New York State Theater fut rebaptisé en 2008, lorsque le milliardaire et philanthrope David H. Koch accepta de financer sa restauration.

Le City College of New York ouvrit ses portes en 1907. Situé à Harlem, dans le quartier de Hamilton Heights, cette université autrefois gratuite accueillait les étudiants issus de milieux défavorisés. Ses droits d'inscription sont aujourd'hui les plus bas de la ville.

Fleurons du style néogothique, les bâtiments du City College of New York sont bâtis en schiste et en *terracotta* blanche. Ils s'ornent de moulures, de corniches et d'autres détails savamment ouvragés.

[1] et [2] Née de la fusion des bibliothèques privées du millionnaire John Jacob Astor et du riche bibliophile James Lenox, la New York Public Library ouvrit en 1911. Considérée comme le plus bel édifice de style beaux-arts de la ville, la bibliothèque renferme une salle de lecture grandiose, ayant conservé ses lampes de travail en bronze et ses lustres d'origine.
[3] La McGraw Rotunda s'orne de boiseries savamment ouvragées et de fresques illustrant l'évolution de l'écriture.

1

2

3

[1] et [2] Le faste de l'édifice fait écho à la richesse du fonds : la bibliothèque compte quarante-neuf millions d'œuvres, dont dix-huit millions de livres. Parmi les autres documents, des manuscrits, des cartes anciennes, des enregistrements, des photographies, ainsi qu'un document capital pour l'histoire américaine : une lettre datée de 1493 et signée de la main de Christophe Colomb, dans laquelle l'explorateur relate son voyage des îles Canaries aux Indes...

[3] La bibliothèque est située sur la Cinquième Avenue. Elle fut édifiée sur le site de l'ancien réservoir Croton, grâce auquel les New-Yorkais purent, à partir de 1842, bénéficer de l'eau potable.

[1] L'une des universités les plus anciennes des États-Unis, Columbia University, fut fondée par charte royale sous le nom de King's College en 1754. La statue d'Alexander Hamilton domine les marches du hall portant son nom.
[2] *Le Penseur* de Rodin ne pouvait trouver meilleur emplacement que devant le département de philosophie.
[3] L'*Alma Mater,* statue de la déesse Athéna, trône sur les marches de la Low Library depuis 1904.

1

[1] Depuis la révolution américaine, Columbia forme l'élite de la nation.
[2] Des offices sont célébrés dans la chapelle du Earl Hall Center, qui entend promouvoir le savoir à travers l'échange spirituel et culturel.
[3] La Maison française est un centre culturel et un lieu de rencontre pour tous ceux qui s'intéressent au monde francophone. Depuis sa fondation en 1912, elle a accueilli des centaines de personnalités tels Jean-Paul Sartre, Nathalie Sarraute, Yves Montand, Julia Kristeva...

2

3

Lieux de mémoire

New York voue un culte aux artistes et aux poètes. La ville semble partout leur rendre hommage : dans les parcs, les cafés, au détour des rues, d'innombrables jardins, des images ou des statues à leur effigie célèbrent leur mémoire et leur génie.

Une balade dans Central Park donne un aperçu de la place qu'occupent les artistes au cœur de la ville. On peut y admirer le buste de Beethoven et la statue représentant Duke Ellington posant, magistral, devant son piano à queue. On flâne dans le jardin Strawberry Fields, dédié à John Lennon : les inconditionnels des Beatles peuvent ici se recueillir devant la plaque en mosaïque *Imagine* et déposer des fleurs ou des bougies dans la « Zone du silence »... Au cours de la « promenade littéraire », on découvre la statue d'Andersen, l'auteur des fameux contes pour enfants, celles du poète écossais Robert Burns, du romantique allemand Friedrich Schiller, de l'Irlandais Thomas Moore, de l'écrivain britannique Walter Scott. À Central Park, Shakespeare surtout est à l'honneur. La statue du grand dramaturge y a été érigée en 1872 pour célébrer le tricentenaire de sa naissance. Deux sculptures illustrent ses pièces de théâtre, l'une représentant *La Tempête*, l'autre *Roméo et Juliette*, tandis que le Delacorte Theater, dans l'enceinte du parc, lui dédie chaque été un festival.
La visite de maisons d'artistes et d'écrivains, une échappée à Prospect Park, dans Brooklyn, ou un détour par quelques cafés et hôtels mythiques permettent de parfaire le pèlerinage artistique. Ainsi, *Hotel Chelsea*, situé dans le quartier éponyme, est au centre de la vie bohème des années 1960 : Bob Dylan composa ici quelques-unes de ses chansons, Allen Ginsberg, Janis Joplin, Leonard Cohen, Jimi Hendrix, Arthur Miller, William Burroughs y séjournèrent, parfois pendant plusieurs années. Preuve que New York aime les artistes, aussi irrévérencieux soient-ils : en 1977, la ville a inscrit le site sur la liste des bâtiments à préserver pour leur intérêt historique et culturel.

À Central Park, la statue d'*Alice au pays des merveilles* fait le bonheur des enfants.

[1] L'Algonquin Hotel se rendit célèbre dans les années 1920 pour sa *« round table »* : regroupant entre autres la poétesse Dorothy Parker ou l'acteur Harpo Marx, ce cercle d'intellectuels se retrouvait ici, chaque jour, pour déjeuner et échanger sur l'art et la littérature.
[2] et [3] Hôtel légendaire, le Chelsea demeura un centre de la bohème artistique new-yorkaise pendant près de cinquante ans : Mark Twain et Arthur Miller y séjournèrent, tout comme le pape de la Beat generation, William Burroughs, ou encore Andy Warhol.

1

3

2

[1] et [2] L'un des premiers hôtels-résidences de la ville, le Dakota Building reçut un grand nombre de célébrités, parmi lesquelles Judy Garland, Leonard Bernstein, Lauren Bacall... Il conserve aussi la mémoire d'un drame : le 8 décembre 1980, John Lennon, qui vivait au septième étage, fut assassiné devant l'entrée du bâtiment. [3] Les ateliers de l'hôtel des Artistes, sur la 67e Rue, furent loués à des personnalités telles qu'Isadora Duncan et Rudolph Valentino.

Nº

Au cœur de Greenwich Village, Bedford Street abrite plusieurs maisons jadis habitées par des grands noms du monde littéraire. Le foyer d'artistes Twin Peaks y fut érigé en 1920.

[1] et [2] Le Bitter End est un bar mythique de Greenwich Village : nombre de comiques et de musiciens y firent leurs débuts, comme Woody Allen ou Bob Dylan.
[3] et [page de droite] Fondée dans les années 1880, la *White Horse Tavern* est l'un des plus vieux pubs du Village. Jack Kerouac et Dylan Thomas le fréquentaient assidûment.

EXIT
CLEANERS
Perfect P Awa
WHITE HORSE TAVERN
FEBRUARY 2000

[1] Bryant Park abrite une sculpture à l'effigie de la femme de lettres Gertrude Stein.
[2] Le buste représente Washington Irving, auteur de *Sleepy Hollow, la légende du cavalier sans tête*.
[3] Au début du xxe siècle, de nombreux artistes travaillaient dans les spacieux ateliers Gainsborough, au sud de Central Park.

1

2

3

[1] Stuyvesant Square célèbre la mémoire du compositeur tchèque Antonín Dvořák.
[2] Une statue de Bryant Park représente l'illustre Goethe, auteur des *Souffrances du jeune Werther.*
[3] Dante Square fut créé par des Italo-Américains en hommage à l'auteur de *La Divine Comédie.*

1

[1] Central Park abrite la statue du poète irlandais Thomas Moore depuis 1880.
[2] Il est traversé par une « promenade littéraire » bordée de sculptures commémorant les génies de la littérature mondiale.
[3] Les amateurs de musique classique apprécient Prospect Park, à Brooklyn. Célèbre pour ses concerts en plein air, le parc héberge les statues de plusieurs compositeurs, tel Carl Maria von Weber.
[4] À l'angle d'Amsterdam Avenue et de Broadway, une petite place accueille le mémorial de Giuseppe Verdi installé ici en 1906, cinq ans après la mort du compositeur.
[Page de droite] La statue de William Shakespeare semble émerger des feuillages... Dans Central Park se dressent plusieurs monuments à la mémoire du grand dramaturge anglais.

2

3

4

New York est émaillé de sculptures célébrant les maîtres de l'art et de la littérature : alors que Central Park met à l'honneur Fitz-Greene Halleck [1], Friedrich von Schiller [3], Victor Herbert [4] et Hans Christian Andersen [5], Prospect Park célèbre Beethoven [2].

[1] La mosaïque *Imagine* forme le cœur du Strawberry Fields, un petit jardin de Central Park financé par Yoko Ono en souvenir de son défunt mari, John Lennon.
[2] L'auteur d'*Ivanhoé*, Walter Scott, est représenté dans Central Park assis sur un rocher, un livre à la main.
[3] Le buste de Mozart trône en bonne place dans Prospect Park.
[4] *Le Penseur* de Rodin fut offert par la France à la Columbia University en 1930.

Les amants éternels Roméo et Juliette s'enlacent dans Central Park, tandis qu'Alice [page de droite], assise sur un champignon géant, bavarde avec le chapelier fou, le lapin blanc et les enfants...

NEW YORK NATURE

Central Park, un océan de verdure au cœur de la ville

Havre de paix dans une des villes les plus denses et les plus trépidantes du monde, Central Park s'étend sur 340 hectares au cœur de Manhattan, entre la 59e et la 110e Rue. Formé de vastes prairies, d'espaces arborés, de lacs et d'étangs, de jardins romantiques, de terrains de sport, émaillé d'ouvrages d'art, il attire chaque année près de vingt millions de personnes.

C'est à l'architecte paysagiste Andrew Jackson Downing que l'on doit l'idée, dans les années 1840, de créer un vaste parc à New York. Les raisons qui justifient une telle réalisation sont alors nombreuses : la ville a connu plusieurs vagues d'épidémies et il devient urgent de l'assainir. On pense aussi qu'un parc populaire pourra éviter les soulèvements des classes ouvrières qui, à l'époque, agitent les grandes villes européennes. Enfin, on trouve là le moyen de limiter la construction immobilière, qui n'en finit pas de congestionner l'espace urbain.

En 1853, la ville utilise son droit de préemption pour racheter les terrains de 561 propriétaires à l'emplacement du parc actuel. Quatre ans plus tard, une commission nommée par l'État lance un concours que remportent les architectes paysagers Frederick Law Olmsted et Calvert Vaux. Sur le modèle des jardins à l'anglaise, de conception irrégulière et dégageant une impression de naturel, leur projet prévoit des vallons, des prairies en pente, des bassins et de grandes étendues, l'ensemble étant parcouru d'allées tortueuses pour trancher avec le quadrillage des artères de Manhattan.

La construction de Central Park dure seize ans et nécessite le travail quotidien de vingt mille ouvriers, ce qui en fait l'un des plus grands chantiers de l'histoire de New York. Au fil du temps, le parc s'agrémente de carrousels, de terrains de jeux, d'un zoo. Des routes sont tracées dans les années 1930 pour permettre aux voitures de le traverser, et, depuis les années 1960, des festivals de théâtre et de musique s'y déroulent régulièrement.

À l'image des parcs à l'anglaise, Central Park recèle des promenades charmantes où la nature peut croître librement.

[1] Au cœur du parc, la Great Lawn déroule ses 14 hectares de pelouse. Sur cet espace idéal pour l'organisation de concerts, Simon & Garfunkel, Diana Ross, Bon Jovi, le Metropolitan Opera donnèrent des prestations mémorables. [2] Des spectacles en tout genre s'improvisent au détour des chemins... [3] et [page de gauche] Édifié en 1869 sur le modèle des châteaux médiévaux écossais, le Belvedere Castle surplombe la grande pelouse.

1

2

3

La Great Lawn, derrière laquelle on aperçoit les immeubles cossus de l'Upper East Side, occupe le site d'un ancien réservoir, asséché dans les années 1930. Vallonnée par endroits, plantée de tilleuls et de chênes, elle est protégée du brouhaha et de l'agitation de la ville, et offre un site on ne peut plus propice au repos et au farniente.

Les amateurs de base-ball peuvent profiter du stade et des terrains de jeu aménagés sur la grande pelouse dans les années 1950.

Avec ses espaces verts, ses lacs et ses aires boisées, Central Park offre aux citadins un lieu de promenade et de détente privilégié. Le site dégage une telle impression de naturel qu'on a du mal à imaginer qu'il a été entièrement façonné par la main de l'homme.

Central Park, un océan de verdure au cœur de la ville

1

2

[1] Financé par le philanthrope George T. Delacorte, éditeur, le Delacorte Theater fut inauguré en 1962 avec une pièce de Shakespeare, *Le Marchand de Venise*.

[2] La statue de Ladislas II Jagellon Ier, grand-duc de Lituanie devenu roi de Pologne en 1386, fut offerte par la Pologne à New York à l'issue de la Seconde Guerre mondiale. Elle symbolise le courage et la fierté du peuple polonais.

[3] Élevée en 1862, l'élégante Winterdale Arch mesure 14 mètres de long. C'est la plus grande arche de pierre et de brique de Central Park.

3

[1] S'étendant sur une quinzaine d'hectares, le Ramble est une aire boisée d'un aspect incroyablement sauvage, parcourue de ruisseaux et sillonnée de sentiers. Près de deux cent cinquante espèces d'oiseaux y ont été recensées. [2] Baptisé « l'aiguille de Cléopâtre », cet obélisque de 244 tonnes est sans doute le monument le plus remarquable du parc. Remontant à 1475 av. J.-C. environ, il fut offert par l'Égypte aux États-Unis dans les années 1880. [3] Dessiné par Calvert Vaux, le Bow Bridge est le plus ancien pont en fonte de Central Park.

1

2

3

Central Park, un océan de verdure au cœur de la ville

[1] La statue des Pilgrim Fathers célèbre la mémoire des premiers colons.
[2] Inspiré des bassins ornant les parcs parisiens, Conservatory Water est surnommé « l'étang des modèles réduits » en raison des compétitions de bateaux miniatures qui s'y déroulent.
[3] Les amateurs de canoë naviguent paisiblement sur le lac de Central Park, dominé par de luxueux immeubles.

Ponctué de points d'eau et d'étangs paisibles, Central Park dégage une incroyable sérénité.

[1] La statue de la Mère l'oie orne Central Park depuis 1925. Elle est l'œuvre de l'artiste brooklynois Frederick G. R. Roth, qui créa de nombreuses sculptures animalières pour les parcs new-yorkais.
[2] et [3] En bordure de la Cinquième Avenue, East Green forme une longue bande de pelouse jadis utilisée comme terrain de cricket. Elle est charmante au printemps, lorsque fleurissent les magnolias et les cerisiers.

[1] et [2] L'aspect formel de Bethesda Terrace tranche avec le naturel du paysage environnant. Une fontaine inaugurée en 1873 occupe le centre de la terrasse. Elle est surmontée d'une statue réalisée par Emma Stebbins, *Angel of the Waters,* inspirée par l'ange biblique bénissant le bassin de Bethesda à Jérusalem.
[3] Prise d'assaut par les enfants, la sculpture de Frederick G. R. Roth rend hommage au chien Balto, héros national qui, en 1925, achemina des médicaments dans un lieu reculé de l'Alaska, alors touché par une épidémie de diphtérie.

[Page de gauche] Le Sheep Meadow servait autrefois de pâture aux moutons. [1] à [3] Surplombées d'arches anciennes, émaillées d'ouvrages d'art, les allées de Central Park possèdent un charme indéniable.

[1] et [3] Paradis des petits, le vieux carrousel, manège de cinquante-sept chevaux, tourna jusqu'en 1924 grâce à la force de mulets.
[2] À l'extérieur du Chess & Checkers Building, destiné aux joueurs d'échecs et de dames, les tables sont ornées de damiers incrustés dans la pierre.

1

[1] Cette horloge musicale fut offerte au parc par le philanthrope George T. Delacorte. Amusante avec ses sculptures animalières, elle joue des airs différents selon les saisons. [2] et [3] Le Dairy fut édifié dans le style victorien par Calvert Vaux en 1870. À l'origine, le bâtiment était une laiterie : les vaches qui paissaient aux alentours fournissaient du lait frais aux petits New-Yorkais déshérités. Laissé un temps à l'abandon, puis restauré en 1979, c'est aujourd'hui un centre d'information pour les visiteurs.

2

3

Romantique à souhait, Gapstow Bridge n'est pas sans rappeler le Ponte di San Francesco à San Remo, en Italie. Il offre de belles vues sur le Pond, un étang où prospèrent les tortues et les canards.

[1] Les amateurs de footing se retrouvent sur la boucle qui entoure le Réservoir.
[2] Le Loch, « lac » en écossais, est en fait un petit ruisseau ponctué de cascades.
[3] et [4] Destiné aux enfants, le Charles A. Dana Discovery Center organise des expositions pédagogiques sur le parc et des balades à thème.

[1] La Glen Span Arch surplombe le Loch, régulièrement à sec en période estivale.
[2] et [3] Avec ses rives luxuriantes plantées de conifères et de saules pleureurs, le Pool est l'un des endroits les plus pittoresques de Central Park. Paradis des oiseaux, des poissons et des amphibiens, il est protégé depuis 2003.

[Page de gauche] Au nord de Central Park, Conservatory Garden séduit par ses trois jardins soigneusement agencés, chacun représentant un paysage national différent. Tout en mouvement, la sculpture intitulée *The Three Dancing Maidens* apporte beaucoup de gaieté au jardin de style français.
[1] Le jardin sud, aménagé à l'anglaise, abrite une jolie fontaine où l'on peut contempler les statues de Mary et Dickon, héros du roman de Frances Hodgson Burnett, *Le Jardin secret*.
[2] Sur la Cinquième Avenue, une grille en fer forgé ouvre sur le Conservatory Garden. Elle ornait un hôtel particulier avant d'être déplacée à Central Park.

Parcs et jardins

New York compte plus de mille cinq cents parcs, jardins, zoos et terrains de jeu, qui forment autant d'îlots de verdure bienvenus dans cette cité au bâti extrêmement serré. Bowling Green est le premier parc à avoir vu le jour : érigé en 1732 sur la pointe sud de Manhattan, à l'emplacement d'un ancien champ de manœuvres, il doit son nom au jeu de quilles que l'on y pratiquait.

Les parcs publics sont créés par vagues successives à partir du XIXe siècle. En 1811, l'adoption du plan quadrillé donne une première impulsion à leur implantation : Tompkins Square Park, Union Square Park, Madison Square Park, Mount Morris Park (rebaptisé Marcus Garvey Park) apparaissent à cette époque. Dans les années 1850, parallèlement à Central Park, Olmsted et Vaux conçoivent Riverside Park et Prospect Park, à Brooklyn. Puis, dans les années 1920 et 1930, New York connaît une véritable « révolution verte » : sous la houlette de Robert Moses, directeur de la Commission des parcs de l'État, la superficie des espaces verts est multipliée par trois. Quatorze parcs sont implantés le long de Long Island, reliés par des routes pittoresques. Dans Queens, Flushing Meadows est aménagé sur une ancienne décharge industrielle et forme aujourd'hui le deuxième plus vaste parc de New York. Moses émaille par ailleurs Manhattan d'arbres et de pelouses, imagine de nouveaux terrains de jeu, transforme les bas-côtés des voies express en lieux de promenade, donnant ainsi un nouveau visage à la ville, plus agréable et plus humain. Depuis les années 1960, d'anciennes zones industrielles sont reconverties en espaces verts : le Riverbank State Park a été réalisé sur le site d'une usine de retraitement de déchets ; le Hudson River Park a remplacé d'anciens docks ; aujourd'hui, la High Line, voie ferrée abandonnée dans le Meatpacking District, se couvre d'arbustes et de jardinets...

Le dimanche, les amateurs de base-ball investissent les spacieux parcs new-yorkais.

Situé au cœur du quartier des théâtres, Bryant Park fut ouvert au public en 1884 avant d'être redessiné par Robert Moses en 1934, sur le modèle des jardins à la française. Sa pelouse centrale est entourée d'allées et bordée de deux cents platanes.

Les riverains peuvent venir à Bryant Park pour s'entraîner au ping-pong, jouer au backgammon et aux échecs, ou se rafraîchir près de la fontaine...

[1] à [3] Le carrousel et l'aménagement du parc ont valu à ce dernier le surnom de « Petit Luxembourg ».

[Double page suivante] Tables et chaises disséminées sur la pelouse font de Bryant Park un espace convivial et prisé.

L'une des places les plus animées de New York, Washington Square, est dominée par un arc de triomphe en marbre, réalisé en 1892 par Stanford White en l'honneur du premier président américain.

Washington Square fut créé en 1827 afin de préserver la nature dans le quartier alors en plein essor de Greenwich Village. À l'ombre des arbres, ses bancs invitent au repos...

Les artistes s'exposent et les joueurs d'échecs s'exercent dans Union Square Park. Ce dernier fait partie des quatre parcs créés au XIXe siècle dans Midtown South par des promoteurs soucieux de reproduire les quartiers chics et résidentiels de Londres.

Situé à un emplacement stratégique, à l'intersection de Broadway et de la Quatrième Avenue, Union Square Park était jadis le point de ralliement des contestataires et le centre du radicalisme politique new-yorkais. En 1865, une immense manifestation en faveur de la journée de travail de huit heures s'y déroula. En 1930, pendant la crise, près de 35 000 chômeurs s'y rassemblèrent avant de marcher sur City Hall pour exiger un emploi.

Dans l'Upper East Side, le Carl Schurz Park étend ses 6 hectares de verdure et de promenades le long de l'East River, offrant de magnifiques perspectives sur le fleuve.

Concerts et matches de base-ball se tiennent fréquemment dans Inwood Hill Park, spacieux parc boisé situé au nord de Harlem, dont la végétation est restée inchangée depuis l'époque coloniale.

Jardins botaniques

Les quatre *boroughs* entourant Manhattan abritent chacun un jardin botanique. Fondé en 1891 par le botaniste Nathaniel Lord Britton, le New York Botanical Garden est l'un des plus anciens jardins de ce type aux États-Unis, et l'un des plus admirables. Implanté dans le Bronx sur une partie du domaine Belmont, qui appartenait au magnat du tabac Pierre Lorillard, il est aménagé sur le modèle des jardins royaux de Kew, au sud de Londres.

Lieu prestigieux, le New York Botanical Garden est une institution de premier ordre en matière de recherche : il accueille la bibliothèque Mertz, qui renferme près de cinquante mille ouvrages de botanique, une myriade d'herbiers contenant plus de sept millions d'espèces végétales, ainsi qu'un laboratoire de recherche en génomique végétale. Baptisé « jardin des délices » par le *Wall Street Journal,* « musée des chefs-d'œuvre de la nature » par le *New York Sun,* il compte quelque cinquante jardins à thème et espaces paysagers, parmi lesquels le Rock Garden, paysage rocailleux semé de plantes d'altitude et parcouru de ruisseaux, le Peggy Rockefeller Rose Garden, riche de deux mille sept cents buissons de roses, ainsi qu'un vaste jardin de plantes vivaces. L'Enid A. Haupt Conservatory, érigé en 1902, constitue un remarquable ensemble de serres communicantes comportant notamment des forêts tropicales, des paysages désertiques, une palmeraie, des plantes aquatiques et exotiques. La forêt du jardin botanique donne un aperçu de ce qu'était New York avant l'arrivée des colons : l'une des dernières forêts naturelles de la région, traversée par la rivière Bronx, elle regorge de chênes rouges, de hêtres, de bouleaux, de tulipiers et de frênes blancs.
Créé en 1910, le jardin botanique de Brooklyn, s'il est moins impressionnant, n'en reste pas moins charmant. Il fait bon s'abriter, au mois de mai, à l'ombre de sa cerisaie en fleur, flâner dans son sinueux jardin japonais ou encore contempler ses belles perspectives à la française...

Plus de sept cent ceinquante espèces de bonsaïs sont présentées dans la serre du jardin botanique de Brooklyn.

Le New York Botanical Garden fut créé en 1891 dans le Bronx. Parmi ses innombrables trésors, l'Enid A. Haupt Conservatory constitue un bel ensemble de serres de style victorien, dont le dôme central abrite une vaste palmeraie.

[1] Des pins miniatures aux majestueux cèdres de l'Atlas, plus de quatre cents spécimens sont présentés dans le jardin des conifères du New York Botanical Garden.
[2] et [3] Quelque deux mille sept cents buissons de roses embaument le Peggy Rockefeller Rose Garden, remarquablement agencé.

1

2

3

[1] et [2] Dans le Rock Garden, rochers, chutes d'eau, ruisseaux et plantes d'altitude reconstituent un paysage de montagne. [3] Le New York Botanical Garden est composé de cinquante jardins à thème et espaces paysagers.

1

2

3

[1] La rivière Bronx traverse la forêt naturelle du jardin botanique.

[2], [3] et [page de droite] Véritable mine d'or pour les spécialistes, la bibliothèque Mertz abrite près de cinquante mille ouvrages de botanique, des herbiers contenant plus de sept millions d'espèces végétales ainsi qu'un laboratoire de recherche en génomique végétale.

Visitor Cen
Visitor Center

Dessiné par les frères Olmsted en 1910, le Brooklyn Botanic Garden s'étend sur une vingtaine d'hectares. Ses charmants jardins séduisent par leurs couleurs chatoyantes, leurs parfums enivrants et leur aménagement soigné.

Réalisé en 1915 dans le jardin botanique de Brooklyn, le Japanese Hill-and-Pond Garden fut le premier jardin japonais présenté dans un parc public américain. Il est l'œuvre du paysagiste Takeo Shiota. Sobre et harmonieux, il longe un étang surmonté de délicats ponts de bois et accueille un temple shintoïste consacré au dieu de la moisson.

[1] Chênes rouges, frênes blancs, bouleaux et tulipiers prolifèrent dans la forêt du New York Botanical Garden, l'une des dernières forêts naturelles de New York.
[2] Les lotus en fleur colorent de rose la Lily Pool Terrace, dans le jardin botanique de Brooklyn.
[3] et [page de droite] Non loin, les serres du Steinhardt Conservatory renferment de riches collections de bonsaïs et de cactées, ainsi que des arbres tropicaux rares, utilisés par les chercheurs pour fabriquer des médicaments expérimentaux.

Le Steinhardt Conservatory abrite des plantes exotiques et propose une exposition permanente illustrant quatre milliards d'années d'évolution végétale.

Malgré sa taille modeste, le jardin botanique de Brooklyn permet des promenades aussi agréables qu'enrichissantes.

PEACE
In your world, in your lifetime

New York Village

CH HOUSE
SCHOOL

Greenwich Village

L'atmosphère de village qui régnait à Greenwich lors de sa fondation ne s'est jamais perdue au fil des siècles. Avec ses maisons basses, son lacis de rues étroites et une verdure omniprésente, ce quartier est une enclave paisible et charmante, la seule de ce type dans le bouillonnant Manhattan.

Au milieu du XVIIe siècle, le village de Greenwich est fondé par les premiers Hollandais sur une ancienne zone boisée et marécageuse. Il est constitué de fermes spécialisées dans la production de tabac. Artisans et commerçants s'y installent peu à peu, et le quartier se pare de petites maisons de bois, disposées le long de voies sinueuses. C'est le seul quartier de Manhattan à échapper au plan de quadrillage des rues prévu par le conseil municipal en 1811. Il conserve ainsi son charme et son originalité, ce qui attire les nantis résidant dans le sud de la ville. Aux maisons de bois se substituent dès lors des demeures luxueuses, des galeries, des clubs. L'arrivée des immigrés dans le sud du quartier, à la fin du XIXe siècle, rend sa simplicité au Village : la bonne société se déplace vers le haut de la ville, et ses propriétés sont divisées ou reconverties en pensions. Les immigrés italiens ouvrent des cafés, donnant au quartier une touche européenne, populaire et joyeuse. Les loyers bon marché et l'esprit qui y règne conviennent parfaitement à la bohème artistique des années 1910. Les écrivains Thomas Wolfe, Willa Cather, Eugene O'Neill, les peintres Edward Hopper et John Sloane y élisent domicile. L'avant-garde littéraire, dominée par Dos Passos, la société homosexuelle et la presse contestataire y trouvent refuge après la Première Guerre mondiale. Puis c'est au tour de la Beat generation des années 1950 de faire souffler son esprit libertaire sur le Village. La phase contestataire est aujourd'hui révolue, la hausse des loyers ayant chassé la bohème et les mouvements alternatifs. Greenwich est désormais un quartier bourgeois, empreint d'une incroyable douceur de vivre.

Fleurs et arbres partout présents ajoutent au charme des petites rues du Village.

Dessinée par les architectes Frederick Clarke Withers et Calvert Vaux dans le style gothique, achevée en 1877, la Jefferson Market Library est un ancien tribunal reconverti en bibliothèque. Elle contient une collection impressionnante d'ouvrages sur l'histoire de New York, en particulier sur celle du Village.

[1] à [3] Patchin Place est une charmante impasse composée de dix maisons de briques rouges bâties vers 1850 pour loger les serveurs basques travaillant dans un hôtel voisin, le Brevoort. Plus tard, attirée par sa tranquillité, la bohème artistique et littéraire de New York y élut domicile. Les poètes E. E. Cummings et John Masefield ainsi que le dramaturge Eugene O'Neill, notamment, y résidèrent. [4] L'écrivaine Djuna Barnes vécut au nº 5 de 1941 jusqu'à sa mort, en 1982.

Havre de paix égayé de verdure, Patchin Place est demeurée inchangée au fil des siècles. Cela étant, ses maisons faillirent disparaître lorsque, en 1963, un promoteur proposa d'élever un gratte-ciel sur le site. Les résidents, Djuna Barnes en tête, protestèrent énergiquement, si bien que l'impasse échappa à la démolition.

[1] et [2] Gay Street devint célèbre dans les années 1920, lorsque de nombreux artistes, musiciens et écrivains s'y installèrent.
[3] Les statues de George Segal, représentant deux couples gay et lesbien, célèbrent le Gay Rights Movement. Elles sont exposées dans Christopher Park, sur Sheridan Square : cette place fut, à la fin des années 1960, le centre du mouvement des droits civiques pour les homosexuels.

1

2

3

1

2

3

[1] Cette statue ornant Christopher Park rend hommage au général Philip Sheridan, qui s'illustra lors de la guerre de Sécession et devint commandant en chef de l'US Army en 1883.
[2] et [3] À proximité se trouve la taverne Stonewall Inn, l'un des rares établissements new-yorkais qui, dans les années 1960, bravait la loi en acceptant la clientèle homosexuelle. C'est ici que débuta le mouvement de contestation gay, le 28 juin 1969. À l'intérieur, des plaques apposées sur les murs évoquent ces événements.

NORTHERN DISPENSARY
7 AVE
SOUTH
CHRISTOPHER ST
STOP
STOP

1

2

[1] et [page de gauche] Le Northern Dispensary est un curieux bâtiment triangulaire, édifié en 1827 pour dispenser des soins gratuits aux nécessiteux.
[2] Grove Court est un ensemble de six maisons élevées dans les années 1850 par un épicier du nom de Samuel Cocks, qui espérait que ses habitants viendraient grossir la clientèle de son magasin tout proche. Jadis mal fréquenté, ce pâté de maisons protégé par une grille est aujourd'hui très prisé.
[3] Le visage de Greenwich Village a peu changé au fil des ans. Les immeubles à taille humaine, les petits restaurants cosy et la verdure omniprésente font tout le charme de ce quartier paisible.

3

L'église épiscopale St. Luke in the Fields fut fondée en 1820, puis reconstruite à partir de 1981 après avoir été détruite par un incendie. Elle s'est toujours distinguée pour son engagement auprès des déshérités, en distribuant du pain aux pauvres après l'office du samedi, et, à partir des années 1980, en offrant des repas aux malades atteints du sida.

Rue typique du Village, Barrow Street séduit par son calme extraordinaire et ses petites maisons colorées au charme désuet.

[1] et [2] Cette boucherie, véritable institution dans le quartier, fut fondée vers 1950 par Onofrio Ottomanelli. Elle est réputée dans tout New York pour ses viandes, gibiers et volailles exquis.
[3] La maison située au n° 77 Bedford Street est la plus ancienne subsistant dans le Village. Elle date de 1799. On l'appelle communément « Isaacs-Hendricks House », du nom de ses deux premiers propriétaires, Joshua Isaacs, qui la fit bâtir, et Harmon Hendricks, marchand de cuivre qui s'y installa après lui.

Inspiré de la promenade plantée surplombant le XIIe arrondissement de Paris, le High Line est un parc suspendu de 1,6 kilomètre de long, empruntant le trajet d'une voie ferrée abandonnée depuis 1980. Il conserve un aspect de friche, et offre sur la ville des vues inattendues.

Le Village ne se limite pas à des ruelles et à des secteurs résidentiels paisibles. Il compte quelques artères vivantes où se succèdent boutiques, restaurants et salons de jeux.

Bien qu'il tende à s'embourgeoiser, le Village conserve une ambiance décontractée.

La musique tient un rôle prépondérant dans l'histoire et la culture des « villages ».

Les collectionneurs de vinyles se ruent dans les boutiques spécialisées à la recherche de la perle rare.

East Village

Loin de la tranquillité de Greenwich Village, East Village est l'un des quartiers les plus vivants de Manhattan. Situé dans le Lower East Side, il ressemble, dans l'esprit du moins, à ce qu'était Greenwich voilà un demi-siècle : un centre de la contre-culture et de l'avant-garde artistique.

East Village commence à faire parler de lui quand, dans les années 1960, des intellectuels, peintres, écrivains, poètes et musiciens quittent Greenwich Village pour s'y établir, attirés par ses petits appartements bon marché. Librairies, cafés, restaurants végétariens, clubs de jazz et de rock se mettent à fleurir le long de l'avenue B, tandis que des débats, lectures publiques et happenings s'organisent un peu partout. Plusieurs magazines rédigés par la bohème locale retracent la vie du quartier. *East Village Other,* l'un des plus contestataires, dénonce par ailleurs l'establishment et publie les œuvres subversives des écrivains Beat, qui, comme Allen Ginsberg, fustigent dans un style expérimental la société de consommation et l'ère de l'énergie atomique. Dans les années 1970-1980, East Village devient le centre de la scène punk-rock et de l'avant-garde picturale, que représentent alors deux éminents « graffeurs », Keith Haring et Jean-Michel Basquiat. Le Club 57, sur la Saint Mark's Place, est le quartier général des artistes underground : de performances en expositions, de lectures en shows érotico-artistiques, il rayonne d'énergie créative. Espace de contestation, East Village devient, dans les années 1980, le cœur de la lutte pour les droits des exclus – minorités ethniques, sans-abri et homosexuels. En 1988, Tompkins Square Park, refuge des SDF, est d'ailleurs le théâtre d'affrontements sanglants entre la police, laquelle veut déloger les « squatteurs », et les libertaires, qui prennent leur défense. S'il s'est depuis quelque peu assagi, East Village n'en demeure pas moins l'un des quartiers les plus atypiques de New York.

Jadis théâtre d'événements violents, Tompkins Square Park est aujourd'hui un parc sûr et paisible.

Peaches
Tomatoes
TOMATOES

1

2

[Page de gauche], [1] et [2] Le marché aux fruits et légumes anime la place dominée par St. Mark's Church in the Bowery, élégant édifice de style géorgien tardif consacré en 1799.
[3] Peter Stuyvesant est inhumé dans le cimetière attenant à l'église ; une sculpture célèbre la mémoire de son aïeul, Petrus.
[4] Le portail en fonte de l'église fut ajouté en 1858.

3

4

1

2

3

[1] et [3] Les jardins entourant l'église St. Mark's Church in the Bowery invitent à la méditation.
[2] Le clocher de l'église date de 1828. De style *Greek revival,* il dénote avec le reste du bâtiment.
[4] Dans le cimetière, on peut contempler l'ancienne cloche de l'église, endommagée par un incendie en 1978 et inutilisée depuis.

4

Reconnaissable à ses belles colonnes corinthiennes, Colonnade Row est un ensemble de quatre maisons de ville bâties dans le style *Greek revival* au début des années 1830. De grands romanciers anglais comme William Thackeray et Charles Dickens y vécurent dans de spacieux appartements.

[1] St. Mark's Place fut un haut lieu de la culture hippie. Les sous-sols de la rue abritent aujourd'hui des magasins branchés. [2] Astor Place forme le cœur d'un quartier estudiantin très animé. [3] et [4] Le Merchant's House Museum occupe une élégante demeure de briques et de marbre bâtie en 1832. Convertie en musée, elle offre un intéressant témoignage sur l'art de vivre bourgeois au XIXe siècle.

Établie dans un édifice de briques, la Cooper Union fut fondée en 1859 par l'industriel Peter Cooper pour délivrer un enseignement gratuit aux enfants des familles pauvres. L'école enseigne l'art, l'architecture et l'ingénierie.

[Double page suivante] Peintures murales et graffitis sont la griffe d'East Village, temple de la contre-culture et de l'anticonformisme.

NECK FACE
hi Lounge
NO STANDING
M8
East Village
St Marks Pl &
Avenue A
ラーメン
BUS STOP

We The
People

Petits restaurants, cafés et échoppes en tout genre foisonnent dans les rues colorées d'East Village.

[1] Tradition oblige, le quartier regorge de clubs où l'on peut écouter du jazz.
[2] Les marchés bio attirent les bourgeois bohèmes, de plus en plus nombreux à s'installer autour de St. Mark's Place.
[3] Le portrait de Joe Strummer, l'un des leaders du groupe The Clash, rappelle qu'East Village fut un pôle du mouvement punk dans les années 1980.

S'étendant sur 4 hectares, Tompkins Square Park est le poumon d'East Village. Dessiné sur le modèle des jardins anglais, il a ouvert au public vers 1870.

[1] Le parc abrite le buste de l'ancien gouverneur de New York, Daniel D. Tompkins, qui lui donna son nom.
[2] Une délicate fontaine surmontée d'une tête de lion orne une allée du parc.
[3] La déesse Hébé doit sans doute sa jeunesse éternelle et sa vigueur à l'eau pure qui coule de la fontaine sous le temple.
4] Le membre du Congrès Samuel Sullivan Cox fut surnommé « l'ami des facteurs » pour avoir allégé le travail des employés des postes dans les années 1880.

S'il est aujourd'hui fort paisible, Tompkins Square Park demeura longtemps un symbole de la désobéissance civile à New York. En 1874, une manifestation d'ouvriers au chômage y fut organisée, que la police réprima dans le sang. De violentes émeutes éclatèrent en 1988, puis en 1991, lorsque les forces de l'ordre tentèrent d'expulser les sans-abri qui l'avaient investi.

Les jardins communautaires

Créés, gérés, animés par les habitants d'un même quartier, ouverts aux promeneurs, les jardins collectifs sont légion à New York. On en recense près d'un millier, disséminés à travers la ville. À Manhattan, ils sont particulièrement nombreux à Greenwich et dans l'East Village.

Les premiers jardins communautaires sont aménagés dans les années 1970. À cette époque, New York traverse une grave crise économique. Maints bâtiments sont abandonnés par leurs propriétaires et finalement rasés par la ville, qui n'a pas les moyens de les entretenir. Friches et terrains vagues essaiment, dégradant fortement le paysage urbain. Une artiste peintre établie à Lower East Side, Liz Christy, décide alors de redonner un peu de vie et de couleur aux zones sinistrées de son quartier. Avec quelques comparses, elle lance des « bombes de graines » (*seed bombs* en anglais) au-dessus des grillages entourant les terrains vagues qui, peu à peu, se couvrent de fleurs, s'ornent d'arbres et d'arbustes... En 1973, elle ouvre le premier jardin communautaire et fonde parallèlement le mouvement Green Guerillas, pour inciter d'autres résidents à suivre son exemple. Ce jardin, situé à l'angle de Houston Street et Bowery Street, porte aujourd'hui le nom de sa fondatrice. Un an après sa création, il devint un lieu de rencontres et d'expérimentations : les New-Yorkais s'y pressent pour voir comment, à peu de frais, on peut réinsérer la nature dans l'espace urbain. Le cas a fait école et, ainsi, les jardins communautaires se propagèrent à travers la ville.
Véritables joyaux pour certains, ces jardins sont également des lieux pleins de vie : on y fête le printemps et Halloween, on y organise mariages, anniversaires et festivals, on y dispense des cours de jardinage. Nul doute qu'ils contribuent grandement à donner un esprit « village » aux quartiers.

Apparus dans les années 1970, créés et entretenus par les résidents, les jardins communautaires donnent un esprit « village » aux quartiers où ils sont implantés.

Les habitants rivalisent d'ingéniosité et de créativité pour faire de leur jardin un lieu tout à la fois charmant, convivial et unique.

Les jardins communautaires se concentrent surtout dans East Village. La plupart sont nés sur le site d'anciennes friches.

Le Creative Little Garden fut fondé par une ancienne résistante française, Françoise Cachelin, sur le terrain d'un immeuble détruit par un incendie au début des années 1970. Joliment planté, parfaitement entretenu, ce jardin est un modèle du genre.

[1] et [2] Le Parque de Tranquilidad se distingue par ses allées de pierre sinueuses, bordées d'arbres et d'arbustes densément plantés.
[3], [4] et [page de droite] Le Jardín del Paraíso défend les méthodes de culture écologiques : ici, les jardiniers utilisent du compost, favorisent la diversité des habitats, arrosent à l'eau de pluie et font pousser des plantes menacées.

Coloré, recherché et élégant,
le 6BC Botanical Garden
doit son nom à sa situation,
sur la Sixième Rue, entre les avenues B et C
d'East Village, mais aussi à sa fonction
dejardin botanique et communautaire.
Il abrite au demeurant plusieurs
centaines d'espèces végétales.

Favorables aux échanges, à l'art et à la créativité en général, les membres du 6BC Botanical Garden accueillent volontiers les musiciens, les danseurs et les comédiens en quête d'une scène en plein air. Expositions et installations artistiques sont également encouragées, à condition qu'elles s'harmonisent avec l'esthétique et l'esprit du lieu.

NEW YORK

EXOTIQUE ET MULTICULTUREL

ESCANIO MOVING
MUDANZAS
917-497-9769

Harlem, une seconde renaissance

Le quartier noir, qui vit un âge d'or dans les années 1920, sombre dans une brusque déchéance au lendemain de la dépression. Abandonné des pouvoirs publics, délabré, ravagé par le chômage et la violence, gangrené par la drogue, Harlem demeure un ghetto jusqu'au début des années 1990. Depuis, grâce à d'importants investissements, il renaît et attire les touristes en quête d'exotisme.

Comme en témoignent les élégantes *brownstones*, Harlem est au XIXe siècle un secteur bourgeois et résidentiel, habité par une population blanche fortunée. Ce n'est qu'en 1910 que les premiers Afro-Américains, fuyant des attaques racistes au centre de Manhattan, arrivent dans le quartier, provoquant le départ immédiat des Blancs. Ils sont bientôt rejoints par les esclaves émancipés du sud des États-Unis et les habitants des divers quartiers noirs de New York : à l'aube de la Première Guerre mondiale, Harlem représente la plus grande communauté afro-américaine du pays. Surpeuplé et laissé-pour-compte, le quartier se dégrade rapidement. Mais, culturellement, il rayonne. Des musiciens comme Louis Armstrong, Duke Ellington, Josephine Baker font de ses cabarets miteux des clubs de jazz légendaires. Avec des écrivains comme Zora Neale Hurston, des érudits comme Alain Locke, premier Noir diplômé de Harvard, des activistes politiques comme Marcus Garvey, ils érigent Harlem en pôle artistique et intellectuel vers lequel convergent bientôt l'élite et tous les talents noirs des États-Unis. Communément appelé « Harlem renaissance », ce mouvement fut bref, puisqu'il prit fin autour de 1935, mais cependant fondateur : il permit aux Noirs de se sentir fiers de leur négritude et posa en ce sens les jalons du mouvement des droits civiques.
Le quartier vit aujourd'hui une renaissance d'un autre genre. Les travaux de restauration entrepris par la ville voilà une vingtaine d'années lui ont redonné du vernis, et son embourgeoisement a commencé, notamment vers le sud et à proximité des parcs.

Un groupe de percussionnistes met l'ambiance dans la rue.

Depuis que les infrastructures et les immeubles ont été rénovés, Harlem ne ressemble plus au ghetto insalubre qu'il était encore dans les années 1990.

[1] Une rue rend hommage à l'Irlandais Edmund Rice, qui fonda à Harlem et ailleurs des écoles catholiques destinées à l'instruction des enfants indigents.
[2] Fredrica Lila Teer était une activiste engagée dans le mouvement afro-américain des droits civiques.
[3] Le pasteur protestant Martin Luther King, apôtre de la non-violence, fut l'une des figures phares du mouvement des droits civiques aux États-Unis.
[4] Le pasteur Adam Clayton Powell Jr. fut élu en 1945 à la Chambre des représentants, et proposa entre autres lois la suppression de la ségrégation dans l'armée.

Les noms de rue de Harlem rappellent la mémoire des grands hommes ayant marqué l'histoire du quartier, et plus généralement, celle des Afro-Américains.

Great African Americans
DR. M. L. KING JR.
MALCOLM X
HARRIET TUBMAN
JESSE JACKSON
ROSA PARKS
FREDERICK DOUGLA
"Dining Heritage"

1

2

[Page de gauche] Une peinture murale célèbre les grands hommes de l'histoire afro-américaine : les héros du mouvement noir Martin Luther King et Malcolm X, l'abolitionniste Harriet Tubman, le pasteur et homme politique Jesse Jackson, la militante Rosa Parks, célèbre pour avoir refusé en 1955 de céder sa place à un passager blanc dans un bus, l'écrivain abolitionniste Frederick Douglass.
[1] Le pasteur noir est vénéré dans le quartier.
[2] Le fondateur de la Convent Avenue Baptist Church de Harlem a également droit à sa plaque de rue.

[Double page suivante] Fier de son unicité, Harlem développe le tourisme et met en valeur son histoire et sa culture.

HARLEM HER
CULTURA

AGE TOURISM
CENTER

On déambule en toute tranquillité dans Harlem, où l'élégance et les couleurs sont de mise.

[Page de gauche] Bâtie dans le style néogothique en 1872, l'église St. Andrew's Episcopal Church demeure le centre d'une paroisse très active.
[1] à [3] Occupant un bel édifice néoroman, la St. Martin's Episcopal Church a beaucoup œuvré pour défendre les droits de ses paroissiens. Ainsi, en 1937, son pasteur l'affilia à une coopérative de crédit afin de permettre aux Noirs américains d'accéder à la propriété.

L'Abyssinian Baptist Church eut un pasteur célèbre, Adam Clayton Powell Jr., grande figure de la lutte contre la ségrégation raciale, élu député en 1945.
La messe du dimanche matin attire ici un nombre impressionnant de fidèles.

1

2

3

[1] et [2] Fondée en 1796, mais établie dans un édifice plus récent (1925), Mother African Methodist Episcopal Zion Church est la plus vieille paroisse noire de New York. Elle fut surnommée « l'église de la liberté » en raison de son engagement en faveur des droits des Noirs. Elle doit sa structure néogothique à George W. Foster, l'un des premiers architectes afro-américains des États-Unis.
[3] et [4] Les églises scandent le paysage urbain : on en dénombre plus de six cents dans le quartier !

4

Le National Black Theatre, entièrement décoré à l'africaine, symbolise l'affirmation et la fierté de la culture noire américaine. Depuis plus de quarante ans, on y donne des pièces de théâtre et des concerts, des cours de danse et d'art dramatique, ainsi que des conférences.

Convent Avenue Baptist Church dresse fièrement sa façade de marbre blanc... L'église est réputée pour sa superbe chorale, mais aussi pour une commémoration annuelle en hommage à Martin Luther King, qui s'y rendit quelques jours avant sa mort.

[1] et [3] Le Schomburg Center for Research in Black Culture héberge une impressionnante collection d'archives relatives à la culture afro-américaine – ouvrages, œuvres d'art, enregistrements, photographies – réunies au début du XXᵉ siècle par l'intellectuel Arthur Schomburg, l'une des figures de proue de la « Harlem renaissance. » Le centre comporte aussi un théâtre et deux salles d'exposition.
[2] Pour qui veut découvrir la musique noire classique et populaire, un détour par Harlem s'impose...

L'histoire de la communauté se lit sur la haute façade du Schomburg Center.

[1] à [3] Vallonné et rocailleux, le Marcus Garvey Park est situé dans un quartier autrefois riche de Harlem, aux maisons cossues de style victorien. Il doit son nom au Jamaïcain Marcus Garvey, connu pour avoir fondé l'Universal Negro Improvement Association and African Communities League, qui prônait le retour aux racines africaines et la fierté raciale. [Page de droite] Le parc héberge la dernière tour de surveillance de New York. Construite en 1856, elle est toujours équipée de sa cloche d'alarme...

[1] et [2] Les jolies *brownstone* du quartier de Mount Morris Park alignent sagement leurs façades.
[3] Dans le même quartier, la synagogue des Juifs éthiopiens accueille une chorale originale, spécialiste des gospels en hébreu !

1

2

3

Dans les années 1990,
des subventions publiques
et des fonds privés ont permis
de redonner du vernis
au quartier de Mount Morris
Park, désormais
sage et bien fréquenté.

St. Nicholas Historic District comprend quatre beaux *blocks* résidentiels réalisés à la fin du XIXe siècle. Symbole de la réussite dans les années 1920, le quartier était habité par des Noirs exerçant des professions alors difficilement accessibles à leur communauté – chirurgien, avocat, professeur, etc.

Harlem, une seconde renaissance

Hamilton Heights fut baptisé « Sugar Hill » dans les années 1920 en raison de sa douceur de vivre. Habité alors par des célébrités telles que Duke Ellington, il impressionne avec ses demeures de caractère, aux toitures crénelées rehaussées de tourelles comme des fortins...

Quelques images familières de Harlem : des paroissiens endimanchés discutent devant l'église, des jeunes font du sport, on sort les chiens ou on bouquine tranquillement...

Détente et décontraction sont les mots d'ordre du dimanche matin.

1

2

3

[1], [4] et [page de droite] Chapeaux chics ou clinquants et coiffures élaborées sont un emblème immuable du quartier noir.
[2] et [3] Le temps où l'on craignait d'arpenter les rues de Harlem est depuis longtemps révolu.

4

BARBERS
Jerry's Den
HAIR SALON
690-2285
Wave Nouveau
Jerry's Den
UNISEX
BARBERS
BARBERS
HAIR
AUTOMATIC SPRINKLER SHUT OFF IN BASEMENT

中華髮型屋
CHUNG WAH
BEAUTY SALON
PELL ST.
最佳旅遊
AIR & CRUISE
212-608-8988
川外川

Chinatown

Avec sa profusion d'enseignes écrites en idéogrammes, de toits en pagode, de boutiques d'épices, de poissonneries et de restaurants chinois, Chinatown constitue l'un des quartiers les plus pittoresques de Manhattan. Situé au cœur du Lower East Side, il ne cesse de s'étendre depuis sa fondation et grignote aujourd'hui Little Italy, toute proche.

L'histoire de Chinatown commence en 1872, lorsqu'un marchand originaire de Hong Kong ouvre une épicerie sur Mott Street. D'autres commerçants lui emboîtent le pas, créant qui une pension, qui un restaurant. Puis le développement de Mott Street et des rues adjacentes s'accélère soudain, avec le débarquement massif d'ouvriers chinois fuyant une crise économique en Californie. Petits commerces, écoles, temples, blanchisseries et maisons de jeux se multiplient. Alors victimes de la ségrégation raciale, les Chinois vivent en vase clos. Fidèles à leurs coutumes, ils célèbrent Confucius et le Nouvel An avec des parades, des danses du lion et du dragon. Parallèlement, les *tangs* s'organisent. Contrôlant chacune un secteur délimité du quartier, ces sociétés d'entraide assurent aux nouveaux arrivants un emploi, un soutien financier et une protection. Rivales, dirigées par des Chinois influents ou des syndicats du crime, elles se livrent une guerre impitoyable, notamment sur Doyers Street, surnommée à l'époque « l'allée sanglante »... Après la Seconde Guerre mondiale, au cours de laquelle de nombreux Chinois se sont engagés comme volontaires dans l'armée américaine, la communauté gagne ses droits. La loi d'exclusion des Chinois est abolie, le rapprochement familial, autorisé. La population augmente ; pressings, échoppes et restaurants fleurissent bien au-delà du périmètre initial de Chinatown. Cette évolution se poursuit depuis, faisant de la communauté chinoise de New York la plus importante des États-Unis.

Chinatown se distingue par sa myriade d'enseignes et son affairement incessant.

[1] à [3] L'ambiance est animée dans Chinatown, où les trottoirs sont bondés du matin jusqu'au soir. [4] et [page de droite] La vaste Confucius Plaza, du nom du philosophe chinois, se trouve à l'intersection de Chinatown et du quartier juif. Du XIXe siècle aux années 1950, la majorité des immigrants s'installaient dans cette section de Manhattan, le Lower East Side, alors insalubre et bien peu engageant.

金豐大酒樓
JING FONG RESTAURANT
GOLDEN BRIDGE RESTAURANT
EXPRESS!
7M50
NYC TAXI

[Page de gauche], [1] et [4] Jalousement gardé par des lions le protégeant des mauvais esprits, le Mahayana Buddhist Temple abrite un immense bouddha d'environ 5 mètres de haut, assis sur une fleur de lotus. Le temple a ouvert en 1996, dans un ancien cinéma pour adultes. [2] et [3] Le Eastern States Buddhist Temple abrite une centaine de bouddhas éclairés par une infinité de bougies. Fondé en 1962, c'est le plus ancien temple bouddhiste de la côte est des États-Unis. À l'époque, un club occupait le sous-sol, où les fidèles se retrouvaient pour boire du thé, jouer aux échecs ou lire le journal.

Étincelante d'enseignes lumineuses, Mott Street la trépidante déroule à l'infini gargotes, épiceries et magasins typiques. Les amateurs d'ailerons de requin, de thés aromatisés et autres produits exotiques sont ici servis…

Dans Columbus Park, protégés de la fièvre environnante, les vieux Chinois se retrouvent pour jouer au mah-jong et aux cartes, faire de la musique ou se reposer.

[1] Tout en haut d'un immeuble, le drapeau chinois rappelle au passant qu'il n'est plus tout à fait en Amérique...
[2] Parmi les emblèmes de Chinatown, les toits de pagodes qu'on retrouve un peu partout.
[3] et [4] Les façades se colorent de rouge, symbole de joie et de prospérité en Chine.

La sinueuse Doyers Street fut surnommée *« bloody angle »* (« le coin sanglant ») au début du XXe siècle, à cause des embuscades que s'y tendaient les gangs rivaux. À l'époque, Chinatown était contrôlé par des confréries bien souvent criminelles, qui se disputaient le pouvoir à grand renfort de fusillades.

Broome Street, où résidaient traditionnellement les immigrés italiens, est maintenant occupée par la communauté chinoise, qui ne cesse de s'étendre.

RISTORANTE
PUGLIA
RISTORANTE
Est. 1919

Little Italy

Absorbée au sud par Chinatown, Little Italy se concentre aujourd'hui autour de Mulberry Street. Bien que le quartier soit devenu touristique, ses trattorias, ses cafés, ses banderoles vert, blanc et rouge flottant au-dessus des rues entretiennent la mémoire d'une Petite Italie vivante et conviviale.

Ce secteur du Lower East Side voit affluer une vague d'immigrants italiens entre 1890 et 1910. Il s'agit en majorité de *contadini,* fermiers sans ressources fuyant la misère du sud de l'Italie. Employés à New York dans le bâtiment ou la petite industrie, travaillant comme barbiers ou tailleurs, ils vivent entassés dans des *tenements,* logements ouvriers insalubres et exigus. Les Napolitains s'établissent sur Mulberry Street, les Siciliens le long d'Elizabeth Street, et les Génois se fixent autour de Baxter et Bleecker Street. Soudés par la foi et la pratique du catholicisme, les Italiens parent les rues d'autels colorés à l'effigie des saints patrons de leurs villages d'origine et organisent régulièrement des processions religieuses, qui apportent une gaieté incontestable à ce quartier défavorisé. Chaque année, sur une dizaine de jours en septembre, Little Italy continue d'organiser la *Feast of San Gennaro* : tandis que danseurs et musiciens galvanisent la place de la Church of the Most Precious Blood, la statue du saint est transportée en procession dans les rues.
Au cours du XXe siècle, les Italo-Américains quittent peu à peu le quartier. Formant aujourd'hui un septième de la population new-yorkaise, ils résident surtout à Queens, dans Brooklyn et sur Staten Island. Le Bronx abrite une Petite Italie authentique, le long d'Arthur Avenue. Bordée d'étals, d'échoppes, de pâtisseries, de boucheries et de traiteurs tenus par des familles italiennes installées ici depuis plusieurs générations, elle offre un marché couvert des plus folkloriques, où l'on fabrique encore des cigares à la main.

Le quartier rayonne aux couleurs de l'Italie...

[1] et [2] Les guirlandes vert, blanc et rouge strient le ciel de Little Italy et lui donnent un air festif, tout méridional. [3] Dans ce quartier devenu touristique, les rues sont bordées de pizzerias et de cafés italiens.

[1] et [2] On se presse à Little Italy pour déguster les meilleurs expressos de la ville...
[3] Comme l'ensemble du Lower East Side, Little Italy regorge d'anciens *tenements*, ces logements ouvriers insalubres, sordides et exigus où les immigrés durent s'entasser jusque dans les années 1950, époque à laquelle on entama leur rénovation.

CAFFE
NAPOLI
RISTORANTE
HESTER ST
ONE WAY
Friedrich

1

2

[Page de gauche] La profusion de cafés napolitains rappelle que les premiers immigrés italiens venaient du sud du pays, touché par la misère.
[1] à [3] Le quartier n'a plus grand-chose de typique, mais il continue de ravir les amateurs de pizzas et de pâtes fraîches.

3

[1] Il ne faut pas prendre ces panneaux au pied de la lettre...
[2] Mulberry Street, au cœur de Little Italy, était jadis un haut lieu du crime organisé. Le n° 247 était le siège du Ravenite Social Club, que fréquentait le parrain John Gotti.
[3] Ce musée dédié à l'histoire des Italo-Américains fut fondé en 2001, suite à l'immense succès remporté par l'exposition intitulée « Les Italiens de New York : cinq siècles de luttes et d'accomplissements ».
[Page de droite] Les panneaux publicitaires coiffent les terrasses des trattorias.

ORANGE MEETS
ROCKS GLASS
Ketel One
ORANJE
BLEECKER ST
EAT
PRAY
LOVE
USA TODAY

La Petite Italie du Bronx
abrite des édifices cossus,
certains évoquant la belle
et lointaine Venise...

Dans cette Italie plus authentique et plus vaste que celle de Manhattan, les familles d'origine italienne tiennent tous les commerces du coin – épiceries, pharmacies et même pompes funèbres.

Arth
CARMEL
Boiano FOOD Inc.
al Mercato
Driscoll's
POMEGRANATES
SOLE
LB

Vivante et chaleureuse, la Petite Italie du Bronx déborde d'échoppes et de marchés appétissants.

S. BECKENSTEIN INC.
WOOLENS
RAYONS
SILKS
DRAPERIES
DRAPERIES
SPECIAL REMNANT DEPT.
WORLD'S LARGEST VALUES & SAVINGS
ENTRANCE
130
WOOLENS
S. BECKENSTEIN
FABRICS
130
BECKENSTEIN
WOOLENS SILKS and DRAPERIES
SPECIAL REMNANT DEPT
WORLD'S LARGEST SELECTION AND VALUE
ENTRANCE
30

Au cœur du quartier juif

Arrivés à New York par vagues successives à partir du XVIIe siècle, les Juifs ont laissé l'empreinte de leur culture et de leurs traditions dans de nombreux quartiers. Le Lower East Side, qui regroupait la plus grande communauté juive du monde dans les années 1920, porte encore la marque de leur présence : en témoignent les nombreuses synagogues qui jalonnent les rues.

La présence juive à New York est ancienne : elle remonte à l'année 1654, qui voit le débarquement d'un groupe de Juifs séfarades originaires du Brésil. Elle se renforce au cours du siècle suivant, avec l'arrivée massive de Juifs ashkénazes fuyant la misère ou la persécution en Europe centrale et en Allemagne, et elle s'accentue encore entre 1880 et 1910, quand déferle une vague de migrants chassés d'Europe de l'Est. En 1920, les Juifs représentent un tiers de la population new-yorkaise. Installés pour la plupart dans les sordides *tenements* du Lower East Side, employés dans la confection ou le bâtiment, ils imprègnent de leur culture ce quartier pauvre et surpeuplé, où foisonnent synagogues, magasins casher et institutions juives. Les succès économiques et les études universitaires leur permettent peu à peu de s'intégrer aux classes moyennes et d'aller s'établir dans des secteurs moins sinistrés de New York : au lendemain de la Seconde Guerre mondiale, Lower East Side a déjà perdu de sa couleur yiddish... Les écoles juives se changent en habitations ou en temples bouddhistes, les synagogues se transforment en églises, les commerces casher ferment les uns après les autres. Depuis peu, cependant, Lower East Side suscite dans la communauté un regain d'intérêt. Idéalisant sa sociabilité passée, les juifs s'y réinstallent. Soucieux de restaurer les édifices bâtis par leurs ancêtres, ils s'efforcent également de faire revivre leur folklore dans ce quartier autrefois baptisé « Jewish Quarter ».

Le grand atelier de confection de Samuel Beckenstein donne sur Orchard Street, dans le Lower East Side, depuis quelque quatre-vingt-dix ans. C'est dans cette rue, jadis encombrée de charrettes à bras, que les immigrants juifs développèrent l'industrie de l'habillement.

[1] La résidence pour personnes âgées Bialystoker fut fondée par des immigrants juifs originaires de Bialystok, en Pologne.
[2] Cette synagogue dessinée en 1903 par Emery Roth a été convertie en ateliers d'artistes.
[3] et [4] Le plus ancien cimetière juif de New York est situé depuis 1656 sur St. James Place, au sud du Lower East Side.

[1] Sur cet ancien *tenement* d'Orchard Street, les linteaux des fenêtres s'ornent d'étoiles de David.
[2] La rue est de bout en bout occupée par d'anciens logements ouvriers.
[3] La synagogue de Pike Street fait désormais office de temple bouddhiste.

Les enseignes en hébreu s'enchaînent le long d'East Broadway et des rues alentour.

1

2

[1] et [2] On étudie le Talmud depuis 1907 dans cette yeshiva, l'une des plus anciennes des États-Unis.
[3] et [4] Le Lower East Side porte encore l'empreinte de la présence juive : en témoignent les pâtisseries et autres magasins spécialisés.

3

4

East Broadway est ponctuée de boutiques et d'édifices religieux et laïques fondés par la première génération d'immigrants juifs.
Au n° 232, une peinture murale portant l'inscription « Notre force est notre héritage. Notre héritage est notre vie » évoque les préoccupations et les difficultés de la communauté juive du Lower East Side.

[1] et [2] Ce lieu de culte fut élevé par des Ashkénazes orthodoxes en 1887.
[3] et [4] Lexington Avenue abrite la Central Synagogue, la plus vieille synagogue de New York (1870).

[Double page suivante] Cette église luthérienne, bâtie par les Allemands en 1857, a été transformée en synagogue en 1940.

NO STANDING ANYTIME
ONE WAY

Enclaves

Communautés indiennes de Manhattan et de Queens, petite Corée près de Herald Square, enclave ukrainienne d'East Village, village russe de Coney Island : de nombreux quartiers ethniques colorent Manhattan et les *boroughs* périphériques. Promesses de dépaysement constant pour le visiteur, ils rappellent, à l'instar de Harlem et de Chinatown, que l'histoire de New York est intimement liée à celle de ses immigrants.

Depuis quatre siècles, New York se transforme au fil des vagues d'immigration. Colonisée par les Hollandais, elle devient majoritairement anglaise à la fin du XVIIe siècle. La présence africaine, déjà visible, croît au siècle suivant : installés dans l'actuel SoHo, les esclaves représentent plus d'un cinquième de la population en 1750. À cette époque, la ville voit affluer une vague de colons allemands, qui s'établissent dans un secteur du Lower East Side bientôt baptisé « Little Germany ». Puis, autour de 1850, fuyant la famine, ce sont les Irlandais qui arrivent en masse. Ils sont rejoints par les Italiens, les Européens de l'Est, les Russes, les Chinois. L'immigration se poursuit aujourd'hui avec l'arrivée de Jamaïcains, d'Indiens, de Nigérians, d'Égyptiens et de Japonais. Pour eux comme pour leurs prédécesseurs, New York représente une terre d'accueil privilégiée, synonyme de liberté, de réussite et d'ascension sociale.

Emblème du cosmopolitisme, la ville n'en finit pas de s'enrichir, économiquement et culturellement, grâce à ses immigrants. C'est en grande partie à ces derniers qu'elle doit son énergie, sa créativité et sa poésie. Parmi la myriade d'enclaves ethniques qui la composent, le quartier russe de Brighton Beach, à Coney Island, constitue l'un des plus déroutants : ici, tout est écrit en alphabet cyrillique. Le quartier Jackson Heights, dans Queens, fourmille pour sa part de magasins de saris, d'échoppes et de restaurants indiens. À New York, il est décidément facile de se croire transporté à l'autre bout du monde...

La communauté des Juifs hassidiques s'est établie à Williamsburg, un quartier de Brooklyn.

East Village abrite un quartier indien, qui est surtout occupé par des restaurants, d'où son surnom de « Curry Row ».

Queens, plus grand *borough* de New York, est aussi le plus multiethnique. Au nord-ouest, le quartier de Jackson Heights forme une Inde miniature des plus authentiques et des plus dépaysantes.

[1] À Jackson Heights, les boutiques de vêtements vendent exclusivement des costumes traditionnels.
[2] Les sacs de riz basmati s'amoncellent dans les épiceries.
[3] Avec leurs *tikas* et autres colliers incrustés de pierres fines, les bijouteries sont un ravissement pour les yeux.
[4] Les rues de Jackson Heights sont investies du matin au soir par les marchés.
[Page de droite] Quoi de plus exotique que de se promener dans ce « tuk-tuk » tout enguirlandé ?

WER
Grand Opening
ICE CREAM
BANG
HALAL

Une petite Corée commerçante se niche près de Herald Square, le long de la 32e Rue. Évoquant Séoul, ses immeubles sont couverts de haut en bas d'enseignes lumineuses, et renferment autant d'épiceries que de restaurants-karaokés.

[1] et [4] La communauté ukrainienne de Manhattan compte environ trente mille personnes, regroupées dans East Village autour de l'église Saint-George.
[2] Le quartier abrite deux écoles catholiques privées, fondées en 1940.
[3] Les collections du musée permettent de découvrir l'art populaire ukrainien, ses magnifiques broderies et ses œufs de Pâques délicatement peints.

E 7 ST
ONE WAY
ONE
GMC

1

[Page de gauche] Les églises orthodoxes émaillent les rues de Little Ukraine.
[1] et [2] St. George's Catholic Church est l'une des plus vastes et des plus belles églises ukrainiennes des États-Unis. Édifiée en 1905 dans le style néobyzantin, elle arbore de magnifiques icônes et mosaïques.

2

Foisonnant d'enseignes écrites en cyrillique, Brighton Beach, sur Coney Island, est le centre de l'immigration juive de l'ex-Union soviétique depuis le début du XXe siècle, et de tous les russophones depuis les années 1970.

N.Y. CENTRAL PHARMACY INC.
ЦЕНТРАЛЬНАЯ
АПТЕКА
769-9800
252
252
Medicaid and Medicare Part D
Мы Принимаем Все Виды Страховок, Включая
Оплачивайте Ваши Счета Здесь
Бесплатно Для Наших Клиентов.
Pay Your Bills Here
WE CARRY
Surgical Supplies
AND
Orthopedic Shoes
WE SPEAK:
RUSSIAN
SPANISH
B1

[1] Promeneurs, vendeurs à la sauvette, automobilistes se côtoient sous le métro aérien de Brighton Beach.
[2] Le quartier russe est situé à deux pas de la plage. Il fait bon se promener sur les planches en été...
[3] Les bains turcs et russes attirent autant les vieilles babouchkas souhaitant se détendre que les visiteurs en quête d'expérience exotique.

St. Nicholas Russian Orthodox Cathedral fut édifiée en 1902 dans un style néobaroque clinquant à souhait. Située dans l'Upper East Side, elle était à l'origine fréquentée par les intellectuels et aristocrates russes.

[Double page suivante] La cathédrale illumine le paysage avec ses cinq dômes en ardoise rehaussés de croix russes.

Écoles et librairies judaïques se succèdent dans le quartier hassidique de Williamsburg, à Brooklyn.

Les Juifs hassidiques, qui mènent une vie communautaire assez fermée, quittent rarement leur quartier.

[Double page suivante] Les hommes de la communauté portent des chapeaux et des costumes noirs surmontés de longues vestes, et se reconnaissent aussi à leurs papillotes et à leur barbe.

A&S JEWELRY
68
A&S

68
NEW!
NEW!

LEE AV

La vie familiale et religieuse tient une place prépondérante dans le quotidien des Juifs hassidiques.

LOIN DE MANHATTAN

NO PARKING
TOW AWAY ZONE
NO PARKING ANY TIME

L’art de vivre à Brooklyn

Avec le Bronx, Queens et Staten Island, Brooklyn forme l’un des quatre *boroughs* périphériques de New York. Le quartier verdoyant et paisible de Brooklyn Heights, situé au nord-ouest du district et surplombant l’East River, compte parmi les plus agréables de la ville, avec ses maisons de grès joliment restaurées, ses commerces et ses restaurants chics.

Brooklyn est occupé dès le XVIIe siècle par les colons hollandais. Vivant au rythme des échanges avec Manhattan, les fermiers peuvent alors compter sur un bac pour traverser la rivière. Le *borough* prend véritablement son essor après 1814, date à laquelle un efficace service de ferry à vapeur est inauguré, et son développement s’accélère encore avec l’ouverture du pont de Brooklyn en 1883, qui facilite l’accès à Manhattan. Alliant les avantages de la campagne aux commodités de la ville, Brooklyn devient ainsi, au cours du XIXe siècle, une banlieue résidentielle très prisée des New-Yorkais. À Park Slope et Brooklyn Heights, on voit s’élever des maisons de briques et de bois, puis des *brownstones* et d’élégantes demeures néo-Renaissance, néogothiques ou Second Empire. Des hommes d’affaires de Manhattan, des commerçants et des peintres y élisent domicile. Dans les années 1940, Brooklyn Heights devient la terre d’élection de la bohème artistique : le compositeur Benjamin Britten, les écrivains Truman Capote, Norman Mailer, Tennessee Williams, Arthur Miller créent ici leurs plus grandes œuvres. Classé au registre national des lieux historiques, ce secteur privilégié est aujourd’hui occupé par des familles aisées. La bohème s’est déplacée à Williamsburg, un autre quartier du *borough* regorgeant d’entrepôts convertis en lofts, ateliers d’artistes, bars et autres galeries d’art. Jeune et multiethnique, il constitue l’un des pôles les plus vivants de New York.

Dans le quartier de Williamsburg, un ancien entrepôt a été converti en atelier de sculpture.

WWW.ONEBROOKLYN.COM

1

2

3

4

[Double page précédente] La terrasse piétonne s'étirant le long de la Brooklyn Heights Promenade offre des vues incomparables sur la pointe de Manhattan.

[1] et [2] L'église St. Ann and the Holy Trinity Church fut achevée en 1847.
[3] Centre de recherches et musée dédié à l'histoire du district, la Brooklyn Historical Society a élu domicile dans une belle demeure néo-Renaissance.
[4] Les rues verdoyantes et bordées d'anciennes maisons restaurées font tout le charme de Brooklyn Heights.
[Page de droite] Le quartier abrite de luxueuses résidences élevées à la fin du XIXe siècle.

ONE

[1] et [2] Dans Willow Street, les maisons aux porches ouvragés et aux portes en plein cintre illustrent le style *queen Anne* des années 1880. [3] et [4] La rue déroule aussi de sobres façades dénuées de fioritures.

L'histoire de la Plymouth Church of the Pilgrims est intimement liée à celle de la lutte contre l'esclavage. Elle s'orne d'un bas-relief représentant Abraham Lincoln, qui fréquentait cette église, et d'une statue montrant Harriet Beecher Stowe, auteure de *La Case de l'oncle Tom*.
Le frère de cette dernière officia ici de 1847 à 1887. Abolitionniste convaincu, il prêchait contre la traite des Noirs, utilisait les fonds récoltés auprès de ses paroissiens pour acheter la liberté des esclaves, et, en 1854, pendant la croisade du Kansas, il envoya aux abolitionnistes des « caisses de Bibles » contenant en réalité des armes.

Sur Middagh Street se concentrent les plus vieilles maisons de Brooklyn Heights. Construites en bardeaux dans le style fédéral, elles remontent aux années 1820.

[1] à [3] et [page de droite] Un arc de triomphe monumental domine Grand Army Plaza. Il fut élevé en 1892 en l'honneur des soldats de l'Union morts durant la guerre de Sécession. [4] Sur la place, la bibliothèque centrale de Brooklyn occupe un bel édifice Art déco.

1

2

3

4

THE DEFENDERS OF THE UNION

Avec son million de pièces et ses 4 hectares de salles d'exposition, le Brooklyn Museum est l'un des musées les plus prestigieux des États-Unis. Il recèle notamment une riche collection d'art américain.

Également créateurs de Riverside Park et Central Park, Frederick Law Olmsted et Calvert Vaux considéraient Prospect Park, achevé en 1867, comme leur plus belle œuvre.

Les collines, bois et prairies du parc sont ponctués de plans d'eau et traversés d'allées tortueuses éclairées le soir par la lumière des réverbères.

Williamsburg, autour de Bedford Avenue, est le dernier quartier à la mode. Autrefois industriel, il séduit maintenant les artistes et la jeunesse bohème, qui convertissent ses vastes entrepôts abandonnés en cafés, salles de concert, galeries d'art, lofts ou ateliers.

[1] Dans ce quartier débonnaire, chacun peut exprimer son talent sur les murs.
[2] Un café aux couleurs de la France s'est invité sur le toit d'un immeuble.
[3] Williamsburg regorge de petits restaurants bon marché.

BORICUA COLLEGE
www.boricuacollege.edu
ONE WAY
ATM
ATM

Entrepôts rénovés et friches industrielles se côtoient dans ce quartier en pleine mutation.

Située au sud-est de Brooklyn, Jamaica Bay est une réserve naturelle cernée par la mer. Ses habitants, peu nombreux, se regroupent à Broad Channel, seul village de cette île aussi étendue que Manhattan.

Du village, on aperçoit la *skyline* de Brooklyn se dessiner au loin.

Staten Island

Relié à Manhattan par le célèbre Staten Island Ferry, que beaucoup n'empruntent que pour profiter des magnifiques vues que le bac offre sur la baie de New York, ce district a reçu le surnom de « *borough* oublié ». Entièrement cerné par les eaux, abritant des plages somptueuses et des rues charmantes, Staten Island fait figure de province paisible, à mille lieues du cœur trépidant de la ville.

En 1690, les Hollandais fondent une colonie sur l'île, qui s'appelle alors Richmond Island. L'Historic Richmond Town, un village entièrement restauré, conserve la mémoire de cette époque. Formant aujourd'hui le plus grand ensemble d'édifices coloniaux de New York, il abrite des demeures très anciennes, pour certaines construites avant même l'implantation de la colonie. Jusqu'au XIXe siècle, Staten Island vit principalement d'agriculture et de pêche. Ses habitants sont encore peu nombreux, les bâtisses s'éparpillent sur l'île presque sauvage. Mais la perspective d'une liaison ferroviaire avec Manhattan, en 1923, change la donne. Elle provoque un boom immobilier qui se traduit par l'érection de maisons et d'immeubles le long de Hylan Boulevard et dans le quartier Saint-George. Entre 1920 et 1930, la population de l'île augmente d'un tiers, les arrivants étant en majorité des ouvriers employés dans le commerce maritime. La crise de 1929 freine cependant cette évolution et fait avorter le projet ferroviaire. Toujours éloigné du cœur actif de New York, Staten Island peine à attirer les foules... Il faut attendre 1964 et l'ouverture du pont Verrazano pour qu'enfin l'île reprenne vie. En l'espace d'à peine une décennie, près de 8 000 hectares de terres se couvrent de maisons individuelles et d'immeubles de standing. En 1970, on recense trois cent mille habitants, soit deux fois plus qu'en 1950. Staten Island continue depuis d'attirer les New-Yorkais, séduits par la qualité de vie et les loyers bon marché.

L'un des cinq *boroughs* de New York, Staten Island est une île paisible et verdoyante située au sud-ouest de la ville.

[Double page précédente] Des ferrys assurent des liaisons régulières entre Staten Island et Manhattan, offrant des vues spectaculaires sur la baie de New York.

[1] et [3] Au nord de Staten Island, Snug Harbor est une ancienne maison de retraite fondée en 1801 pour les « marins âgés, usés et décatis ». Agrandie au cours du XIXe siècle, elle devint autour de 1900 la plus importante institution de ce genre aux États-Unis. [2] Les temples sont considérés comme les plus beaux exemples de l'architecture *Greek revival* de New York.

[1] Un jardin botanique a récemment été aménagé.
[2] Les maisons victoriennes, édifiées en 1895, servent aujourd'hui de résidences d'artistes.

Alice Austen (1866-1952) vécut la majeure partie de sa vie dans cette charmante fermette construite autour de 1690. On doit à cette photographe de nombreux clichés de Staten Island et de Manhattan, et, plus largement, des États-Unis.

C'est dans cet environnement splendide qu'Alice Austen, adolescente, réalisa ses premiers clichés, grâce à un oncle capitaine de navire qui lui avait offert un appareil photo.

L'intérieur de la maison porte l'empreinte de sa propriétaire. La décoration a été laissée intacte depuis la mort de l'artiste, tandis que ses photographies s'exposent sur les murs.

[1] et [2] Cette église néogothique fut édifiée à la pointe nord-est de Staten Island dans le quartier Saint-George, aujourd'hui le plus densément peuplé de l'île. [3] Derrière la sobre façade du théâtre Saint-George, inauguré en 1929, se cache une salle de spectacle au décor baroque exubérant.

1

2

3

Perchées sur une colline surplombant la mer, les villas de Stapleton Heights furent en majorité élevées à la fin du XIXe siècle par des notables ou des familles contrôlant l'industrie portuaire de l'île ou les brasseries établies le long de la côte.

Les maisons victoriennes de Stapleton Heights se distinguent par leur toit aigu et leur porche d'entrée à colonnettes, généralement surélevé et prolongé par une galerie.

À la pointe sud de Staten Island, un parc d'une centaine d'hectares s'étend le long de la côte, offrant de belles vues sur le New Jersey. Il fut nommé Conference House Park, suite à un accord de paix entre les Britanniques et les Américains, signé en 1776 dans un manoir établi sur le site.

Léchée par les vagues de l'océan, la plage de Great Kills Park est un lieu privilégié pour les promeneurs et les pêcheurs à la ligne.

West 10th Street
CLAMS
BEER
ICE
CREAM
HELP KEEP CONEY ISLAND

Des îles et des plages

Long Island s'étire sur 200 kilomètres à l'est de Manhattan. Découpée en criques pittoresques sur sa rive nord, elle est bordée au sud par d'immenses plages et par un chapelet d'îlots où les citadins viennent se ressourcer sitôt la belle saison arrivée. Avec son superbe front de mer et ses parcs d'attractions séculaires, Coney Island occupe une place toute particulière dans le cœur des New-Yorkais.

Coney Island est située à la pointe sud de Brooklyn. Modeste station balnéaire pendant la première moitié du XIXe siècle, « l'île des lapins sauvages » se développe après 1870, grâce à l'arrivée du chemin de fer. Manèges et montagnes russes font leur apparition, des courses hippiques et des soirées dansantes s'organisent. Suite à la construction, au tournant du siècle, de trois colossaux parcs d'attractions, Coney Island gagne en popularité. Tout New York se presse vers le Steeplechase Park, qui fascine pour ses courses de chevaux mécaniques, à 10 mètres du sol, vers Luna Park, paysage de minarets illuminé par un million d'ampoules, vers Dreamland et ses reconstitutions de sites européens. Dans les années 1920, Coney Island attire près d'un million de visiteurs par jour en été... À la même époque, elle accueille ses premiers résidents et s'agrémente d'une longue promenade de planches. Boudée après la Seconde Guerre mondiale, la station balnéaire au charme désuet attire de nouveau les touristes et les New-Yorkais, notamment à la fin du mois de juin, pendant l'exubérante Parade de la sirène.
Plus à l'est, Long Island dévoile de magnifique îles-barrières, aux longues plages de sable léchées par les vagues de l'Atlantique. Certaines, comme Fire Island, sont des zones protégées où viennent se réfugier les amoureux de la nature.

Aux beaux jours, il fait bon arpenter les planches de Brighton Beach...

[1] Parmi les folles attractions qui ont fait la réputation de Coney Island, le concours du plus gros mangeur de hot dog a lieu chaque année, le jour de la fête nationale. D'après la légende, la compétition aurait été inventée le 4 juillet 1916 par quatre immigrés, curieux de savoir lequel d'entre eux se montrerait le plus patriote! [2] et [3] Brighton Beach a un côté kitsch et populaire qui fait tout son charme. [Page de droite] Le front de mer est superbe, avec son immense plage.

GUARDIANS

Un parfum de vacances souffle sur Coney Island, où environ soixante mille personnes résident à l'année...

[1] à [4] Riche de trois cent cinquante espèces animales, le New York Aquarium remporte un vif succès.
[Page de droite] Le surveillant veille...

[Double page suivante] Attraction phare, la grande roue du Deno's Wonder Wheel Amusement Park fait tourner les têtes depuis 1920.

WONDER
WHEEL

[1] et [2] Absence de vertige et cœur bien accroché sont de rigueur pour supporter certains manèges...
[3] Monument historique datant de 1927, le Cyclone est l'un des derniers circuits de montagnes russes en bois du monde. Il atteint la vitesse de 100 km/h, le long d'un parcours fait de neuf descentes et de six boucles.

Les plagistes lassés des glaces à l'italienne se régalent de palourdes ou d'épis de maïs grillés.

[1] Au sud de Long Island, l'île- barrière de Jones Beach Island est le refuge des amoureux de la nature.
[2] Des concerts sont organisés l'été dans son théâtre, où plus de onze mille spectateurs peuvent prendre place. Idéalement situé au bord de l'eau, ce lieu a une particularité : la scène est séparée des gradins par un bras de mer.

[1] à [4] La riche faune de l'île attire les pêcheurs et les ornithologues. Plus de trois espèces d'oiseaux ont été recensées sur le site.

[Double page suivante] Les pieds dans l'eau, quelques villas bordent le long de la baie.

La côte sud de Jones Beach Island recèle de magnifiques plages de sable blanc.

Les marcheurs préfèrent
la promenade en dur
au sable mou...

La promenade de Jones Beach longe la plage sur 3 kilomètres. Elle permet d'accéder à la piscine d'un centre de loisirs bâti en 1931 à l'initiative de Robert Moses.

[Double page suivante]
On contemple les déferlantes en attendant que le poisson morde...

Index

S

T

U-V

W-X

Crédits photographiques

Toutes les photographies de cet ouvrage sont de Hervé Tardy.

Dans la collection 1 001 photos :

Les avions • Les bébés animaux • Les chats • Les chevaux • Les chiens • Le cinéma • Le cyclisme • L'Égypte • Le football • La France des villages • La mer • Les merveilles de la France • Les merveilles du monde • Les motos de rêve • Les oiseaux • Les peuples • Paris • Le rugby • La terre • Les trains • Les voitures de rêve

Conçu et réalisé par Copyright
pour les Éditions Solar
Textes : Murielle Neveux
Création graphique : Gwénaël Le Cossec
Collaboration rédactionnelle et mise en page : François Giraudet et Céline de Quéral
Réalisation photogravure : Peggy Huynh-Quan-Suu
Fabrication : Stéphanie Parlange et Cédric Delsart

Achevé d'imprimer en août 2012
Imprimé en Chine

LES AVIONS 1001 PHOTOS
LES BÉBÉS ANIMAUX 1001 PHOTOS
LA CORSE 1001 PHOTOS
LES CHEVAUX 1001 PHOTOS
LES CHIENS 1001 PHOTOS
LE CINÉMA 1001 PHOTOS
LES MOTOS DE RÊVE 1001 PHOTOS
NEW YORK 1001 PHOTOS
LES OISEAUX 1001 PHOTOS
PARIS 1001 PHOTOS
LES PEUPLES DU MONDE 1001 PHOTOS
LE RUGBY 1001 PHOTOS
LE CYCLISME 1001 PHOTOS
L'ÉGYPTE 1001 PHOTOS
LE FOOTBALL 1001 PHOTOS
LA FRANCE DES VILLAGES 1001 PHOTOS
LA TERRE 1001 PHOTOS
LES TRAINS 1001 PHOTOS
LES VOITURES DE RÊVE 1001 PHOTOS
LES ÎLES DU MONDE 1001 PHOTOS
LES MERVEILLES DE LA FRANCE 1001 PHOTOS
LES MERVEILLES DU MONDE 1001 PHOTOS
LES CHATS 1001 PHOTOS
SOLAR